Francesco Alberoni

El arte de amar

BIBLIOTECA
Alberoni

BIBLIOTECA
Alberoni

El arte de amar

La pasión eterna en las parejas

Francesco Alberoni

gedisa
editorial

Título original en italiano: *L'arte di amare*
© Francesco Alberoni

Imagen de cubierta: *Der Kuss* (*El beso*), de Gustav Klimt, 1907

© De la traducción: Juan Carlos Gentile Vitale, 2015

Primera edición: junio de 2015

Derechos reservados para todas las ediciones en castellano

© Editorial Gedisa, S. A., 2015
Av. Tibidabo, 12, 3º
08022 Barcelona
Tel. (0034) 93 253 09 04
gedisa@gedisa.com
www.gedisa.com

Preimpresión:
Editor Service, S.L.
Diagonal 299, entlo. 1a
08013, Barcelona

ISBN: 978-84-9784-909-8
Depósito legal: B.13075-2015

Impreso por Romanyà Valls, S. A.

Impreso en España
Printed in Spain

Índice

Tercera parte
EL AMOR TOTAL

Primera parte
Superar un prejuicio

1
Planteamiento del problema

Este libro trata del gran amor erótico que dura, un argumento que nunca he abordado en mis obras anteriores: *Enamoramiento y amor, Te amo* y *El misterio del enamoramiento*.[1] En estos trabajos he demostrado que el enamoramiento nace de un gran impulso vital inicial, sofocado por instituciones enrigidecidas a las que, en un momento dado, arrolla. Cuando dos personas se encuentran en esta situación estalla el proceso de *estado naciente* que provoca la formación de una nueva comunidad en la que cada uno trasciende a sí mismo y experimenta la posibilidad de un mundo totalmente renovado y feliz. Pero, con el paso del tiempo, el estado paradisíaco del enamoramiento deja paso a un amor más calmo y plácido, que se canaliza en reglas institucionales que, a su vez, pueden enrigidecerse. Y, por tanto, en algunos casos, de ello nace un estado de inquietud y de búsqueda que lleva a un nuevo enamoramiento.

El fuego del enamoramiento es el estado naciente revolucionario que *tiene una duración limitada, meses o poquísimos años*, al que sigue un proceso de construcción de la institución. Es éste el punto que deseo poner en discusión en este libro para responder a una pregunta que muchísimas mujeres me han hecho en el curso de los años:

---

1. Francesco Alberoni, *Innamoramento e amore*, Garzanti, Milán, 1979; Francesco Alberoni, *Ti amo*, Rizzoli, Milán, 1996; y Francesco Alberoni, *Il mistero dell'innamoramento*, Rizzoli, Milán, 2003.

¿no es posible que el entusiasmo y la pasión ardiente del estado naciente del enamoramiento pueda durar? ¿No es posible que dos personas sigan experimentando esas extraordinarias emociones que sienten al principio de su amor, mientras, en cambio, de costumbre, a esta tempestad amorosa sigue un amor sereno, pero también a veces incluso aburrido? ¿No se puede continuar viviendo el delicioso delirio de los orígenes durante años y años?

Y yo siempre he respondido que no, que, después de un cierto período de tiempo, a veces incluso muy largo, el enamoramiento se institucionaliza, se convierte en amor, pierde su carácter ideal y pasional y se transforma en hábito cotidiano. Hoy pienso que me he equivocado al dar una respuesta tan categórica. Es verdad, en la mayoría de los casos, la pasión amorosa de los primeros años se convierte en institución, se enfría, se vuelve costumbre, y muchas veces se extingue. Pero, por más que frecuente, la desaparición de la pasión no es la regla. Hay casos en los que continúa y se renueva durante muchísimos años. La idea de que el estado de enamoramiento dura poco y al amor sigue un rápido ciclo descendiente está muy difundida. Más o menos todos os dirán que, en un momento dado, la lava incandescente se solidifica, que la *vie en rose* recupera los colores habituales, que la inquietud, la palpitación y la espera ardiente son sustituidas por la tranquila cotidianidad, que la pasión es sustituida por el "querer". Pero esta serena seguridad, este estado amoroso estable que debería ser la coronación y el triunfo, no es tan excitante como la fase vibrante que lo ha precedido.

Los cuentos populares que relatan las peripecias para realizar el propio amor son interesantes en tanto existen los obstáculos y las dificultades, es decir, mientras el amor no es alcanzado. Luego, cuando los enamorados realizan su amor, cuando "se casan", el cuento acaba con la expresión "fueron felices y comieron perdices". Pero nadie dice qué ocurre exactamente a continuación. No interesa. Porque el amor, el verdadero amor, ha sido representado antes, en la búsqueda, en los obstáculos, en la lucha contra la rival y en el temor de no ser correspondidos. La "pasión" está toda en esta fase preliminar dominada por el deseo, la incerteza y la esperanza. Es el largo, difícil y complicado camino que lleva al amor mutuo, la esencia del amor, lo que viene después no cuenta.

La historia no cambia si se pasa de los cuentos a las grandes novelas como *Los novios, Guerra y paz* y *El amante de lady Chatterley*. El amor es intenso en la búsqueda, en la espera, en la lucha contra quien lo obstaculiza, nunca en su realización gozosa. También hay muchas novelas que muestran el fracaso del amor como *Anna Karénina* y otras, como *Madame Bovary*, que cuentan el sueño y el inexorable y desolador declive. En todo caso, el amor es interesante mientras es combatido, trágico o derrotado. Nadie ha contado nunca el amor feliz, nadie ha hecho nunca una novela del período en que "fueron felices y comieron perdices". Y estoy convencido de que muchos lo consideran incluso imposible.

Mi libro *Enamoramiento y amor* constituye una primera ruptura de esta tradición porque muestra que el enamoramiento no es un instante, no es flechazo, sino que tiene una historia, un desarrollo y una evolución, atraviesa momentos de incomprensión y de conflicto, pero puede ser ardiente, positivo, orientado al futuro y generar un proyecto dando vida a un nuevo modo de vivir. El enamoramiento crea una pareja amorosa, una comunidad fuerte, cohesionada, que reconstruye su ambiente social, su nicho ecológico. De este modo, he dado un primer contenido concreto al "fueron felices y comieron perdices". Pero también he demostrado que el proceso amoroso va de la fase fluida y encantada del estado naciente a la estabilidad de la institución. Hay, por tanto, una mutación de estado, el paso del movimiento a la institución, del enamoramiento al amor. La teoría, en consecuencia, excluía que el enamoramiento pudiera durar como continua experiencia de deseo, búsqueda y pasión.

Fue cuando escribí la segunda parte de *Sexo y amor*,[2] en 2004, que me di cuenta de que también yo había aceptado, pasivamente, el esquema rígido del amor que nace en el esplendor del enamoramiento y luego, inexorablemente, declina en la costumbre y en el tedio, que la institución mata siempre el ardor inicial, el deseo ardiente y la búsqueda apasionada. Había sido conformista, había excluido, como los demás, que hubiera una pasión capaz de durar, aunque rara, excepcional.

En realidad, desde hacía algunos años había comenzado a reunir entrevistas, a hacer preguntas en mi blog dedicado al amor y había visto que hay personas en las que la pasión amorosa dura largamente, años, décadas. Personas que es como si siempre estuvieran enamoradas, porque, junto a la extraordinaria felicidad y al éxtasis, continúan experimentando la ansiedad, la palpitación, el dolor de la distancia y el temor de no ser correspondidas. Luego he tenido la posibilidad de conocer y de recoger las confidencias de dos personas que vivían desde hacía años una profunda y apasionada historia de amor. Es entonces que comencé a escribir unos diálogos, a tomar apuntes y, al final, no pudiendo redactar un informe sobre su vida porque me había comprometido a una absoluta discreción, trasladé la esencia de su historia amorosa a una novela, *Los diálogos de los amantes*.[3] Este libro, fantástico por su ambientación de ciencia ficción, por los nombres, los lugares y los acontecimientos, es, no obstante, también el documento preciso de una historia real, el análisis atento de un gran amor erótico que dura. Una historia que por eso usaré como caso y como ejemplo. Y, como ocurre a menudo cuando se ha descubier-

---

2. Francesco Alberoni, *Sesso e amore*, Rizzoli, Milán, 2005.
3. Francesco Alberoni, *I dialoghi degli amanti*, Rizzoli, Milán, 2009.

to por primera vez un fenómeno, a continuación he encontrado otras parejas unidas por un gran amor apasionado.

Alguien me ha preguntado por qué no he usado material clínico mío o de mis colegas. La respuesta es sencilla: quien va al psicólogo de costumbre tiene problemas, la psicología clínica es psicopatología. La pareja enamorada y feliz no pide ayuda, como máximo acepta confiarse con un amigo. Por eso prefiero citar un pasaje del libro de André Gorz, *Carta a D. Historia de un amor*: «Estoy a punto de cumplir ochenta y dos años. Te has empequeñecido seis centímetros, no pesas más de cuarenta y cinco kilos y eres siempre guapa, elegante y deseable. Hace cincuenta y ocho años que vivimos juntos y te amo cada vez más. Llevo de nuevo en el fondo del pecho un vacío devorador que sólo llena el calor de tu cuerpo contra el mío».[4]

Esta larga investigación me permite hoy escribir un ensayo teórico al que he dado el título de *El arte de amar* precisamente porque expone la tesis exactamente opuesta a aquélla del libro homónimo de Erich Fromm,[5] que enseñaba el amor fraternal,

---

4. André Gorz, *Lettera a D. Storia di un amore*, Sellerio, Palermo, 2008.
5. Erich Fromm, *L'arte d'amare*, Il Saggiatore, Milán, 1985. También Fromm ha tomado el título de su libro de *L'arte d'amare* (*Ars amandi*) de Ovidio. Recuerdo su contenido. En el primer capítulo Fromm habla del amor como fenómeno social en la sociedad capitalista. Luego trata largamente del amor entre los padres y el niño. Dedica, en cambio, sólo cuatro páginas al amor erótico y sostiene que no está hecho de sentimientos profundos, sino que es un puro acto de voluntad y no cuenta quién es el objeto. El autor trata amplia y detalladamente las religiones y, con posterioridad, hace una extensa disertación sobre la desintegración del amor en la sociedad moderna. Al enamoramiento dedica sólo unas pocas líneas en las que dice que es una ilusión, una forma de egoísmo a dos y que impide amar a los demás. Tesis sostenida también por Ortega y Gasset en el libro *Saggi sull'amore* (Sugarco, Milán, 1984), según el cual el enamoramiento es una "angina psíquica". Para ambos, por tanto, una expresión asocial y patológica. Fromm forma parte de aquella corriente de pensamiento de la que son representantes también Jean-Jacques Rousseau y Denis de Rougemont, según la cual el matrimonio nunca debe ocurrir entre personas que

universal, pero despreciaba y condenaba el enamoramiento, el erotismo y la pasión. Mi libro, al contrario, enseña a aceptar el propio enamoramiento y a transformarlo en un gran amor erótico que dura. Pero, como acabo de decir, se trata de un ensayo teórico y, por eso, debemos avanzar con orden y método, partiendo de aquello que he lentamente elaborado en mis obras anteriores. El nuevo libro no niega aquéllos antiguos, los corrige, los completa y nos hace dar un importante paso hacia delante.

En este punto, siento el deber de hacer una precisión. Cuando digo "gran amor erótico que dura", no me refiero a un amor que dura toda la vida, de la adolescencia a la vejez. No, me refiero a una pasión ardiente que dura mucho, mucho más de cuanto hoy se cree, incluso diez, veinte años y quizá más, y siempre a un nivel altísimo. Además, está claro que no lo propongo en absoluto como única forma de amor. Hay muchos tipos de amor. Están los amores-amistad, los amores-ternura y los amores puramente sexuales, amores que duran una noche o unas vacaciones, amores que son caprichos, chifladuras, arrebatos, y cada uno tiene derecho a vivir el tipo de amor que quiera. Yo sólo me dirijo a aquéllos que dicen que quieren tener un gran amor erótico que dura y buscan un método para realizarlo. Este libro está enfocado exclusivamente a ellos.

----

se aman apasionadamente. Pero esta resistencia a entender el enamoramiento y los lazos que crea, su importancia para la construcción de la pareja, continúa aún, como demuestra también el último libro de Daniel Goleman y del Dalai Lama, *Emozioni distruttive*, (Mondadori, Milán, 2003), donde el Dalai Lama dice: «¿El amor romántico no es una subcategoría de la amistad llena de amor?», afirmación de la que se entiende que los dos ni siquiera saben de qué están hablando. Pero tengamos presente que en Europa también ha habido autores que se han ocupado positivamente del enamoramiento, desde Stendhal en su célebre *L'amore* (Mondadori, Milán, 1968) hasta Georg Simmel, *Filosofia dell'amore* (Donzelli, Roma, 2001), ambos obviamente muy anticuados en su concepción de la mujer. Además, merece ser citado el ensayo de Vladímir S. Soloviev *Il significato dell'amore*, Edilibri, Milán, 2003.

2
El proceso de enamoramiento

Comencemos por la teoría expuesta en *Enamoramiento y amor*, la primera obra sistemática escrita sobre el enamoramiento. Recordemos que Freud y los psicoanalistas tendían a explicarlo como una regresión a la relación con la madre[1] o como la manifestación de un impulso sexual inhibido en la meta. Pero, en ambos casos, se trataba siempre de algo que le ocurría al individuo aislado, mientras que, en cambio, es típico del enamoramiento formar una comunidad, la pareja amorosa. También la tesis de los psiquiatras, según la cual es una particular forma de delirio, choca contra la misma objeción: que el delirio es individual, no compartido. En efecto, si bien hay casos en los que uno se enamora y no es correspondido, de costumbre los enamorados se eligen de tal modo que el otro también se enamora, y a menudo lo hacen simultáneamente. Pero los psicólogos siempre se han concentrado en el individuo, y, por tanto, también aquéllos que,

---

1. Freud sentía un amor apasionado por su madre, pero en su teoría hace del amor del hijo por la madre un deseo de incesto, por tanto, una enfermedad, el complejo de Edipo. La consecuencia de este planteamiento, escribe Ghezzani, es que para él «cualquier impulso erótico, cualquier entusiasmo romántico, cualquier intensa relación pasional es sólo "pulsión", "instinto", "perversión"» (Nicola Ghezzani, *Grammatica dell'amore*, Marietti, Génova, 2012). Esta reducción del enamoramiento a puro sexo, es más, a sexo regresivo, ha tenido una enorme influencia sobre el psicoanálisis y sobre todo el pensamiento psicológico moderno.

como Jung y Winnicott, se han percatado de la importancia de la relación amorosa, han visto en ella sólo un instrumento de paso o de crecimiento del individuo, sin salir nunca de la perspectiva individualista.

Éste es el punto de vista de los psicólogos y de los psiquiatras. Pero también desde el punto de vista del sentido común y de la literatura el enamoramiento ha sido visto a menudo como algo que le ocurre a una persona. En francés, enamorarse se dice *tomber amoureux* y, en inglés, *fall in love*; tanto en una lengua como en la otra «caer», algo que le ocurre al individuo. Otra aproximación al amor ha sido la de la seducción. El seductor no está enamorado y quiere que la otra persona se enamore de él. Para conseguirlo pone en práctica una serie de estrategias que consisten fundamentalmente en hacer que la otra experimente la posibilidad de una vida feliz. Él valoriza a quien quiere seducir, pero no se limita a decirle «eres guapa, eres magnífica, eres sublime». Crea situaciones en las que ella se convierte objetivamente en guapa y sublime. Organiza, por ejemplo, una fiesta en la que ella entra como una diosa o la presenta en público en modo de hacerla sentir admirada por todos. Pero estamos siempre ante un individuo que quiere a otro individuo o que cede a otro individuo.

La novedad de *Enamoramiento y amor* fue plantear el problema de manera radicalmente distinta, preguntándose: ¿por qué dos personas se enamoran la una de la otra? O: ¿cómo se forma la pareja enamorada? En otras palabras, yo no he decidido estudiar a la persona que se enamora independientemente del resultado, sino estudiar el propio enamoramiento bilateral que lleva a la formación de una pareja. A esta perspectiva de investigación se le han hecho infinitas críticas y objeciones: uno puede amar y el otro no, uno puede estar más o menos enamorado que el otro, después de un tiempo la relación amorosa se resquebraja, la gran pasión sólo dura un cierto número de meses o de años. Mi respuesta ha sido siempre la misma. Yo no quiero estudiar los diversos tipos de relación amorosa y erótica entre seres humanos, sino estudiar aquello que no ha estudiado nadie, el enamoramiento bilateral de dos personas que acaso no se conocían, nunca se habían visto y, en poquísimo tiempo, a veces pocos días, establecen entre ellas un lazo emocional y una atracción erótica fortísima, hasta el punto que a menudo rompen los lazos más consolidados con los padres, el novio, el marido o la mujer, y, presa de una verdadera ebriedad, sólo quieren vivir el uno con el otro, hacer el amor el uno con el otro. Y forman una pareja, una nueva entidad social capaz de durar en el tiempo. Es la formación de esta pareja enamorada el fenómeno más interesante y, mira qué casualidad, precisamente el menos estudiado.

¿Cómo es posible la aparición repentina de un lazo bilateral tan fuerte? La amistad se forma lentamente, a través de sucesivos encuentros en los que se establecen una confidencia y una profunda confianza recíproca.[2] Se puede tener también una atracción erótica violenta y repentina que empuja a dos personas a hacer el amor de manera frenética, pero que luego desaparece en pocos días o meses. Los dos se dejan sin que haya ocurrido ese trastorno que les hace decir «estoy enamorado» y los lleva a hacer proyectos a largo plazo. Es una relación que he llamado *arrebato* erótico, pero no es un enamoramiento.

---

2. A diferencia del enamoramiento sobre el que nadie, aparte de Platón y Stendhal, ha escrito nunca nada, hay una amplísima literatura sobre la amistad, de la cual recordamos: Aristóteles, *Etica nicomachea*, Laterza, Bari, 1965; Marco Tulio Cicerón, *Lelio: dell'amicizia*, Zanichelli, Bolonia, 1982; Michel de Montaigne, *Saggi*, libro primero, cap. 28, Mondadori, Milán, 1970; Ralph Waldo Emerson, *Amicizia*, Piano B edizioni, Prato, 2010; Siegfried Krakauer, *Sull'amicizia*, Guanda, Parma; 2010; Erich Fromm, *L'arte d'amare*, cit.; C. S. Lewis, *I quattro amori*, Jaca Book, Milán, 1982; y también mi *L'amicizia*, Garzanti, Milán, 1984.

Me he preguntado largamente: ¿qué otro tipo de fenómeno tiene las mismas características del enamoramiento? Y como a todos mis colegas, también a mí en los primeros tiempos sólo me venían a la mente casos individuales, la ebriedad, la obsesión, la dependencia de una droga, la locura o el delirio. Luego, estudiando y volviendo a estudiar la historia y la antropología, he descubierto que hay otros fenómenos similares, los *movimientos colectivos*,[3] momentos de la vida social en que la gente se rebela ante lo existente, se reúne en grupos entusiastas en los que todos se sienten hermanos y están dispuestos a sacrificarse por los otros. Lo vemos en los momentos creativos en que nace una nueva religión, un nuevo partido, una nueva secta, una revolución. Grupos que se encuentran en un estado que el sociólogo Émile Durkheim llama de *efervescencia colectiva* y dice de ellos: «El hombre que los constituye tiene la impresión de estar dominado por fuerzas que no reconoce como suyas, que lo arrastran, que no domina […] él se siente transportado a un mundo diferente de aquél en que se desarrolla su existencia privada. La vida aquí no sólo es intensa, sino cualitativamente diferente […] él se desinteresa de sí mismo, se olvida a sí mismo, se entrega por completo a los objetivos comunes».[4]

---

3. Sobre este argumento probablemente la obra más completa y con la más rica bibliografía es aún la de Francesco Alberoni, *Genesi*, Garzanti, Milán, 1989. Ésta constituye la profundización y la ampliación de *Movimento e istituzione*, Il Mulino, Bolonia, 1977 y 1981. Pero siento el deber de señalar la obra pionera y no entendida por los sociólogos y los especialistas en ciencias políticas realizada por Vittorio Lanternari, en particular en sus libros *Movimenti religiosi di libertà e salvezza*, Editori Riuniti, Roma, 2003; y *La grande festa*, Edizioni Dedalo, Bari, 1977, donde examina centenares de movimientos político-religiosos de los pueblos a nivel etnológico y nos muestra su semejanza con el nacimiento de las grandes religiones y de los totalitarismos modernos.

4. Émile Durkheim, *Giudizi di valore e giudizi di realta*, en *Le regole del metodo sociologico. Sociologia e filosofia*, Comunità, Milán, 1963, pág. 216.

Son experiencias extraordinarias que sentimos también en el enamoramiento, donde toda nuestra vida física y sensorial se dilata, se vuelve más intensa; donde sentimos olores que no sentíamos, percibimos colores, luces que no vemos habitualmente y, en el plano intelectual, descubrimos relaciones que antes nos resultaban opacas. Y también aquí se forma un grupo nuevo, entusiasta, la pareja enamorada. Es un error de bulto pensar que el enamoramiento es un "sentimiento". Es un proceso a la vez emocional e intelectual en que dos personas hacen una verdadera revolución interior, se rebelan ante el mundo tal como es para crear uno nuevo.

En todos los movimientos yo he identificado un elemento común inicial que corresponde al que Durkheim llamaba *efervescencia colectiva* y Max Weber *estado naciente*[5] y lo he llamado *experiencia fundamental del estado naciente*. Algunos sostienen que este análisis es imposible porque los movimientos se desarrollan en épocas y en lugares diversos con ideologías, cultos y creencias extremadamente distintas. No puede haber nada en común entre el nacimiento del movimiento franciscano y el movimiento islamista de al-Mahdi, entre el culto del *cargo* y la Reforma protestante.

Pero es un error de bulto. Pensemos en el célebre análisis de Propp sobre los cuentos populares. Todos los cuentos son muy diversos, han sido creados en diferentes épocas, cambian los personajes, los ambientes, las situaciones, las vicisitudes y las soluciones. Pero es posible identificar una estructura común a todos. Propp escribe: «Los elementos constantes del cuento son las funciones de los personajes independientes de quiénes sean y de qué modo las asuman». Así hay siempre un héroe, un villano, el héroe cae en una trampa, es puesto a prueba, aparece un salvador, derrota al villano, se casa o se convierte en rey.[6]

---

5. Max Weber, *Economia e società*, Comunità, Milán, 1963, vol. II, pág. 431.
6. Vladímir Jakovlevich Propp, *Morfologia della fiaba*, Einaudi, Turín, 1966.

Pues bien, el mismo método puede ser aplicado a la *experiencia fundamental del estado naciente*, sin dejarnos llamar a engaño por la heterogeneidad de las manifestaciones ideológicas, religiosas y políticas en sociedades y en épocas distintas. En efecto, la experiencia fundamental es pre-ideológica, y está constituida por un conjunto de operaciones mentales que son fundamentalmente las mismas. Para ser precisos:

- *Revuelta y liberación*. El individuo tiene la impresión de poderse liberar finalmente de todos los vínculos, las coerciones, los vetos, las reglas y las represiones convertidas ya en graves o intolerables.

- *Renacimiento*. El individuo tiene la experiencia exaltante de una vida nueva. El estado naciente se caracteriza por la partícula *re*: renovación, renacimiento, resurgimiento, reforma, resucitación, etc. Los movimientos religiosos americanos usan la expresión *born again*, nacidos de nuevo.

- *Historización*. Cada movimiento descubre que el mal y el sufrimiento presentes han tenido inicio en un error del pasado. Por eso todos los movimientos vuelven a estudiar el pasado y escriben de nuevo la historia.

- *La experiencia metafísica*. En la vida cotidiana el mundo nos parece inmutable. En el estado naciente, en cambio, nos damos cuenta de que puede cambiar, es más, que está declinando y dejando sitio a una nueva realidad. La verdadera realidad no es lo existente, sino el ideal.

- *Unum et verum et bonum*. Luego tenemos la impresión de que hay una verdad y una justicia absolutas, y que ellas coinciden con la libertad y la autenticidad.

- *Libertad y destino*. Ahora el sujeto se siente totalmente libre y al mismo tiempo siente que realiza su tarea, su destino.

- *Desaparición del miedo a la muerte.* En el estado naciente el individuo se funde en la colectividad y ya no tiene miedo de su muerte individual.
- *Unanimidad.* En el grupo todos piensan y sienten que hay un acuerdo espontáneo.
- *Fraternidad y comunismo.* Los miembros del grupo sienten una profunda experiencia de amor y de fraternidad.

El enamoramiento, aunque comienza de manera disimulada, es siempre un hecho que rompe la cotidianidad, es una discontinuidad. Es el fin, la muerte de algo y el nacimiento de otra cosa.

*En el enamoramiento el individuo corta, a veces violentamente,
las relaciones que tenía con sus anteriores objetos de amor
para instaurar unas nuevas y exclusivas con otro. Hace la
experiencia de renacer. Es el* incipit vita nova, *cuando
todo parece bello como el primer día de la creación.
El enamoramiento infunde en los individuos una
energía extraordinaria y un modo revolucionario
de ver el mundo donde todo se vuelve posible.*

Está a punto para iniciar una nueva vida, con un nuevo cielo, una nueva tierra, una vida de pasión, entusiasmo, alegría y fraternidad, ¡una vida maravillosa! Los individuos que están implicados en ella se sienten hechos el uno para el otro y tienden a unirse, a fundirse físicamente —de aquí el inmenso erotismo— y psíquicamente. Ellos rompen o aflojan los lazos con el pasado y forman una comunidad, un *nosotros*, la pareja amorosa, que afronta unida el mundo.

En el enamoramiento encontramos puntualmente todas las categorías del estado naciente, el renacimiento, la liberación, el sentido del destino, el historización, la coincidencia de deber y placer, la fraternidad, el comunismo, la unanimidad y hasta el carisma, dado que cada enamorado le aparece al otro como único, insustituible y divino. Pero, aunque entretejido de amor, el enamoramiento es siempre una revuelta, un rechazo del pasado y, por tanto, tiene en sí una terrible carga de violencia. El enamorado obstaculizado es capaz de odiar incluso a las personas más queridas.

Que el enamoramiento no pertenece sólo a la esfera erótica lo demuestra la experiencia del distanciamiento. Cuando tu amor está lejos, cuando no puedes hablarle, cuando temes que no te ame, no sientes un espasmódico deseo sexual, sino un atroz sentimiento de pérdida, una nostalgia desgarradora como por la madre, o la patria, o la tierra natal perdida.

3
¿Cuándo nos enamoramos?

¿Cuándo se enamora la gente?

Nadie se enamora cuando es feliz. Nos enamoramos cuando estamos cansados de la vida que llevamos en actualidad, cuando nos sentimos oprimidos, alicortados, limitados en nuestras posibilidades y, a la vez, cuando estamos dispuestos a cambiar, cuando, llenos de vida, deseamos realizar una nueva exploración del mundo, cuando estamos dispuestos a crecer, a desarrollar una parte de nosotros mismos que habíamos rechazado, cuando estamos listos para aprovechar capacidades que no habíamos utilizado, para explorar mundos en los que no habíamos entrado, para realizar sueños y deseos a los que habíamos renunciado.

Y el impulso se acentúa cuando podemos ver ambientes diversos, donde la gente nos parece más feliz y donde, rompiendo una barrera con un acto de valor, podríamos estar también nosotros. El amor surge en los momentos en que cambiamos de vida, dejamos las escuelas y nos ponemos a trabajar, cuando tenemos una promoción, cuando emigramos a un nuevo país y se nos abren nuevas posibilidades, cuando tenemos éxito y, de golpe, se vuelve posible aquello que antes no lo era. Nos enamoramos cuando abrimos las cancelas de lo posible, entrevemos una vida nueva, pero aún no hemos elegido el camino definitivo, y nuestro corazón está lleno de deseo, de esperanza y de sueños, pero también de incertidumbres y de espera.

Entonces vamos en busca de aquello que nos falta para recomenzar, para regenerarnos, a nosotros mismos y a nuestro mundo. Pero puesto que todos nuestros deseos brotan de las profundidades de nuestro inconsciente, no sabemos dónde y qué buscar. Luego uno de estos encuentros, misteriosamente, es más intenso. Ocurre cuando esa persona señala, me indica, me sugiere incluso con una palabra, con un gesto o con una manera de hablar, otras posibilidades, cuando simboliza un modo alternativo de ser que me atrae o me espanta. Cuando evoca aquello que habría podido tener y no he tenido, aquello que habría podido ser y en que podría convertirme. A veces se trata de una persona que en ese momento no me parece guapa, que no me gusta particularmente en el plano erótico, pero me atrae, tiene una extraña fascinación por la que deseo permanecer con ella, mirarla y escucharla. El tiempo pasa sin que me dé cuenta, pero, cuando se marcha, me quedo triste. Me vuelve a la mente, deseo verla de nuevo. Cuando la veo otra vez vuelvo a estar contento. Le hablo con gusto, le cuento de mí, de lo que me gusta y no me gusta y escucho, fascinado, lo que ella me dice. De golpe, soy feliz si descubro que nuestros gustos, nuestras preferencias coinciden. Deseo hacer algo juntos, dar continuidad a nuestro encuentro, a nuestra relación. Deseo tocarla, sentir el contacto de sus manos, de nuestros cuerpos. Pero no es deseo sexual, más bien fascinación, encantamiento y poesía. Son deseos intensos, resonancias arcanas, inquietantes y peligrosas. Descubro que no sé nada de ella. Entonces deseo saber cómo vive, qué hace, a quién ama, a quién ha amado. Y, mientras me formulo estas preguntas, experimento un inquietante sentimiento de celos. En efecto, es precocísimo, el *deseo de exclusividad*. El puro deseo sexual no desea la exclusividad. Quiere el placer del presente. Aquello que el otro hace o ha hecho con otras personas no me interesa y, si me interesa, es incluso fuente de excitación. Si me cuenta sus aventuras sexuales me dan ganas de estar en el lugar del otro. Pero si incluso sólo he comenzado a enamorarme, entonces, junto a la excitación, siento una verdadera turbación, y quien estaba con aquella persona se convierte de pronto en un rival. Y cuando el enamoramiento avanza, no quiero que otro hombre (o mujer) se interponga entre nosotros, ya no hay sitio para nadie. Entonces quiero saberlo todo de su pasado, le pregunto por sus amores, estoy celoso y tengo la secreta esperanza de oír que me dicen que están definitivamente muertos. En el estado naciente del enamoramiento, pues, tenemos la impresión de que ha terminado un período de prisión. Hemos roto las cadenas, hemos salido al aire libre. Saboreamos la libertad. Nos habíamos doblegado, por pereza, por pasividad o por miedo. Nos obligábamos a hacer aquello que nos pedían los otros. Seguíamos sus reglas, no nuestras más profundas aspiraciones. Ya no éramos nosotros mismos. Nos habíamos encerrado, poco a poco, en una prisión invisible. Ahora hemos roto los barrotes y finalmente nos hemos convertido en lo que queremos ser. Es como si hubiera caído, casi por magia, un velo que nos cubría. Ahora sabemos cuáles son nuestros verdaderos deseos. Ahora conocemos nuestra verdadera esencia. Sabemos qué es correcto, qué es bueno hacer. Y que todo depende del amor. El amor es un don maravilloso, aunque haga sufrir. Perderlo significa volver entre los ciegos, en la condición de los zombis.

Nuestro amado no es comparable con ningún otro. «El otro que yo amo y que me fascina —escribe Roland Barthes— es *atopos*. Yo no puedo clasificarlo, puesto que es precisamente el

Único, la Imagen irrepetible que corresponde milagrosamente con la especialidad de mi deseo. Es la figura de mi verdad: no puede ser fijado en ningún estereotipo».[1] Él es el único, absolutamente el único ser vivo al que yo pueda amar. Cualquier otro encuentro, aunque fuera mi ídolo preferido, no puede reemplazarlo. No hallaré a ningún otro como él, mejor que él. Si soy correspondido, si él me ama, me asombro de la increíble y extraordinaria suerte que he tenido. Siento que se me ha dado algo que ni siquiera había imaginado que pudiera obtener. Ahora consigo ver la esencia de las cosas, siento que todo está animado por una fuerza ascendente, que aspira a la felicidad, a la alegría, a hacerlo todo armónico y perfecto. Ésta es la verdad profunda de lo real. Todas las cosas existentes, todos los seres animados e inanimados tienen un sentido. El ser es en sí hermoso, lógico, necesario, admirable y estupendo. Por eso todas las cosas, una colina, un árbol, una hoja, un muro al atardecer o incluso un insecto, nos parecen conmovedoramente bellos.

Cuando amamos y somos correspondidos, nos introducimos en la gran respiración del universo. Nos convertimos en parte de su movimiento y de su armonía. Nos sentimos agitados, atravesados por una fuerza trascendente. Somos como una nota musical de una gran sinfonía. Nos sentimos libres y, amando, realizamos nuestra libertad. Nadie es "esclavo" de su amor. Porque es su verdad, su llamada, su destino. El enamoramiento nos introduce en el mundo divino de los orígenes, cuando los hombres hablaban con los dioses y aún

---

1. Roland Barthes, *Frammenti di un discorso amoroso*, Einaudi, Turín, 1979, pág. 38.

no existía la culpa ni el pecado.[2] Cuando el erotismo era libre y feliz, y tener el cuerpo de la persona amada, mirarla, acariciarla y abrazarla, hacer el amor era tan natural como beber con la mano el agua de una fuente. El enamoramiento nos hace ir más allá de la vida ordinaria a un mundo transfigurado, a una esfera superior del ser. La locura divina de Platón, la experiencia a la que los griegos dieron el nombre de un dios: Afrodita, Dioniso, Eros.

El enamoramiento nos revela la belleza de la persona amada y del mundo. El cuerpo del amado, su rostro y su modo de ser se recortan sobre un mundo maravilloso. Y se vuelven eróticos, más deseables que cualquier otra cosa. Estamos estupefactos, aturdidos por tanta belleza y tanto placer. Cuando más estamos con nuestro amado, más deseamos estar con él. El enamoramiento y sólo el enamoramiento crea un deseo continuo, que no admite laceraciones en la trama del tiempo. El tiempo de la amistad es discontinuo, *granular*.[3] Cuando dejamos a un amigo no sentimos su continua falta y cuando volvemos a verlo, incluso después de mucho tiempo, nos parece que reanudáramos un diálogo recién interrumpido. El tiempo del amor, en cambio, es continuo, *compacto* e inconsútil. Y si permanecemos mucho tiempo alejados de nuestro amado estamos mal, sufrimos. Por eso nos telefoneamos y nos intercambiamos mensajes sin parar, y puesto que nuestro pensamiento vuelve continuamente a él y nos sentimos vacíos, tratamos de llenar el tiempo con actividades para distraernos. Hay una bellísima frase de Roland Barthes tomada de Winnicott

---

2. Mircea Eliade, *La nostalgia delle origini*, en *Trattato di Storia delle religioni*, Boringhieri, Turín, 1976.

3. Francesco Alberoni, *L'amicizia*, cit.

que nos hace comprender cuán desgarrador es el distanciamiento: «Un brevísimo momento, se dice, separa el tiempo en que el niño cree que su madre está aún ausente, de aquél en que la cree ya muerta. Manipular la ausencia quiere decir hacer durar este momento, retrasar todo lo posible el instante en que el otro podría precipitarse bruscamente de la ausencia en la muerte».[4]

Trasladado del niño al adulto enamorado, este horror de la ausencia, esta angustia de la separación típica del verdadero enamoramiento hace que, al regreso de la persona amada, queramos saber todo cuando ha hecho para tener la sensación de haber estado siempre juntos, incluso cuando no estaba con nosotros.

---

4. Roland Barthes, *Frammenti di un discorso amoroso*, cit., pág. 35.

4
¿De quién nos enamoramos?

Nos enamoramos cuando, insatisfechos del presente, tenemos la energía interior para empezar otra etapa de nuestra existencia. Rompemos los viejos lazos sociales y edificamos una vida individual y social nueva y no podemos crearla solos, debemos ser por lo menos dos. Los psicólogos Jung y Winnicott habían puesto en evidencia que podemos cambiar sólo relacionándonos íntimamente con otra persona, sea un maestro, un jefe, un gurú o la persona amada. Pero para la gran transformación, no basta. Las dos personas deben fundirse dando origen a una nueva comunidad y es en esta comunidad que se produce el renacimiento. En efecto, el estado naciente es una verdadera muerte-renacimiento de la que ellas salen renovadas.

¿Quién es entonces la otra persona con que este proceso es posible? ¿La persona que desencadena esa experiencia extraordinaria que hemos llamado *estado naciente*? No la conocemos ni podemos conocerla. Puede ser alguien a quien no hemos visto antes, de quien ignoramos la existencia, como puede ser, en cambio, un amigo o una amiga con quien tenemos confianza desde hace años. Pero hasta aquel momento, hasta aquel grado de maduración de la tensión de cambio, no existía aún la configuración que habría orientado la búsqueda en una dirección que habría permitido "reconocer" a la persona adecuada para desencadenar el cambio. Todo esto ocurre después de una larga preparación, hasta la creación de una "predisposición" que alcanza su punto catético, el momento de ruptura.

Antes de enamorarnos, atravesamos una fase de inquietud, de espera, soñamos, fantaseamos, a veces tenemos presagios. Tenemos la impresión de que está a punto de ocurrir algo extraordinario. Estamos buscando, pero no sabemos aún qué buscar. A menudo en esta fase que precede al enamoramiento sentimos el deseo de ver de nuevo a las personas a las que hemos amado o con quienes hemos tenido una relación en el pasado, pero nos percatamos de que no pueden darnos nada. La nuestra es una exploración a tientas de la realidad, de la que sólo obtenemos experiencias negativas.

Vagamos por la ciudad mirando con atención a hombres y mujeres desconocidos. Ahora somos fuertemente atraídos por una persona, luego nos parece repentinamente insignificante. Algunos tienen incluso súbitos flechazos que les producen la impresión de que están enamorados, pero posteriormente esta impresión se desvanece con la misma rapidez con que ha aparecido. El enamoramiento sólo ocurre si encontramos lo que buscábamos. Es como un puzle en que, en un momento dado, la otra persona se revela como la pieza que falta, aquélla que, de golpe, nos muestra todo el dibujo. Que, en el caso del amor, es el dibujo de nuestra vida. Y, como en el puzle, cuando nos percatamos que ésa es verdaderamente la pieza que falta, tenemos una impresión de estupor y exaltación. Cuando hallamos al hombre o la mujer que se corresponde con la pieza faltante del dibujo de nuestra vida, tenemos la fascinante impresión de haber sido creados especialmente el uno para la otra, de habernos siempre buscado y de habernos finalmente encontrado. Y, puesto que no conocemos el dibujo que estamos persiguiendo, y aún menos la pieza que nos falta, la persona que amamos puede ser la criatura más increíble, más sorprendente, alguien que nunca habríamos podido ni siquiera imaginar, y que habríamos considerado una locura. El enamoramiento no es elección, es destino.

¿Pero cuáles son las características particularísimas de esa pieza única que nos revela el dibujo del puzle? ¿Cuáles son los signos gracias a los cuales yo puedo reconocer, en medio de miles, que es esa persona y sólo ella? Los psicoanalistas han imaginado que había algún detalle que nos recuerda los objetos de amor infantil, en especial nuestra madre. Algo que ya hemos conocido y amado y el enamoramiento sería regresión, repetición de esa experiencia. Pero esta tesis no es sostenible. Si yo voy a vivir a Japón me enamoraré de una japonesa pequeña y morena, en Rusia descubriré mi elemento faltante en una rusa alta y rubia. El elemento único e insustituible no puede ser por eso una propiedad permanente y exclusiva de la persona. Debe ser más bien una cierta manera de actuar y de aparecer en el momento particularísimo en que el individuo está *predispuesto* a enamorarse. Éste es, recordémoslo, un estado de tensión paroxística, de revuelta, de espera de renacimiento, un despertar. En el momento del despertar, nosotros estamos abiertos, tendentes hacia la revelación de algo nuevo y maravilloso. Esperamos una señal, una invitación, una guía. Si, en ese particularísimo período, encontramos una persona que, con su comportamiento o sus palabras nos muestra un modo para realizar nuestro proceso de liberación, nos hace sentir que puede satisfacer nuestros deseos más intensos, nos indica dónde podemos o queremos ir, entonces ella se convierte para nosotros en la *puerta* insustituible para entrar en el nuevo mundo. En las letanías la Virgen es llamada *ianua coeli*, puerta del cielo. Y en la tradición islámica el profeta es indicado como "puerta", *bab*.[1]

Por eso nos enamoramos de la persona que en aquel momento nos parece como la puerta de la vida, de la renovación y del futuro. La persona que nos comunica con señales y símbolos cómo crecer, cómo realizar nuestras posibilidades, cómo realizar aquello que oscuramente presentíamos. Que nos permite ir en una dirección que responde a nuestras exigencias ocultas, a los fermentos que sentimos nacer en nosotros, y, por tanto, también a las perspectivas que la mutación social nos transmite.

Si la persona amada se parece a nuestra madre o a nuestro padre, o bien a cualquier otra persona que hayamos amado o admirado, no es una regresión, es sólo una garantía, una confirmación de la bondad de la dirección tomada. Si hemos amado, admirado, soñado con un actor o una actriz famosa, si hemos deseado a una mujer o un hombre que no hemos podido tener, la persona de la que nos enamoramos la encarnará. Pero la elegimos a ella porque llega en el momento oportuno, porque, al menos en el plano simbólico, nos parece idónea para resolver nuestro problema existencial, nuestra colocación en el mundo.

---

1. Por eso el sultán del imperio otomano, que era también califa, es decir, vicario del profeta, sombra de Dios sobre la tierra, era llamado «Sublime Puerta».

5
La historización

Cuando dos personas están enamoradas, cada una quiere conocer a la otra no sólo por cómo es ahora, sino también cómo era antes de encontrarla, qué amores ha tenido. Y, en el caso del amor profundo, este deseo de conocerla llega hasta la infancia, tratamos de imaginarla niña, adolescente, queremos saber de sus primeras experiencias, de su primer amor, en resumen, es como si quisiéramos recorrer a su lado toda su vida. Y, a nuestra vez, queremos contarle nuestra vida casi para mostrarle nuestra esencia, nuestra alma, nuestro más verdadero y profundo ser. De este modo, cada uno recorre la propia existencia, reflexiona y vuelve a juzgar cuanto ha efectuado, descubre dónde se ha equivocado, dónde ha hecho bien, se da cuenta de que tiene también otras cualidades, otras capacidades, que ha tenido deseos a los que ha renunciado por miedo, por conformismo, porque no se daba cuenta de su importancia y, de este modo, se reconcilia con partes de sí mismo que había rechazado. Y puesto que participa en el relato de su amado, revive también su vida, ve las cosas cómo él las ha visto y enriquece así su perspectiva del mundo. Este proceso de recuerdo, esta construcción crítica de la propia historia frente al amado es la *historización*,[1] un proceso en el cual los

---

1. El proceso de historización ocurre también en los movimientos colectivos y produce una relectura de la historia pasada. Los grandes impulsos para el

enamorados se adueñan del propio pasado, se sienten finalmente libres de ser lo que quieren ser. Y, cuando ejecutan juntos este proceso, se comprenden íntimamente.

En efecto, el estado naciente tiene una extraordinaria propiedad. Nos permite releer nuestro pasado común y poder expulsar de él lo que ralentiza o bloquea nuestro amor. Es un retroceso para deshacer los nudos que nos tenían atados y, por tanto, poder correr hacia delante.

La historización es exactamente lo opuesto de la regresión descrita por los psicoanalistas. En la regresión volvemos al pasado y quedamos prisioneros de él, en la historización regresamos para liberarnos de él. Es gracias a este mecanismo que los dos enamorados se liberan de los lazos que los mantenían prisioneros.

Daré un ejemplo, un hombre cuenta: «Estaba enamorado de una mujer que no quiso saber de mí. Sufrí durante años y, a pesar de que hice de todo para olvidarla, estuve con otras mujeres, incluso

---

estudio de la historia vienen de costumbre de los movimientos: los estudios sobre la condición femenina, por dar un ejemplo, han estallado con el feminismo, los estudios sobre los orígenes del capitalismo han estallado con los movimientos socialistas, aquéllos sobre los pueblos con los movimientos nacionalistas. En el momento de la pasión entusiasta del movimiento, más que de estudio se debería hablar de descubrimiento, revisión, reescritura del pasado. Es sólo a continuación que en los países democráticos esta investigación entusiasta se convierte de verdad en historiografía e historia. En cambio, en los países totalitarios la historia es continuamente reelaborada en relación con las exigencias del poder. Hemos tenido un ejemplo de ello en la *Enciclopedia Soviética* durante la época de Stalin.

me casé, en realidad seguía estando profundamente ligado a ella, seguía estando "enamorado" y todas mis demás relaciones eran débiles, lábiles. Mientras tuve este lazo escondido ya no podía amar a nadie. Estuve así durante quince años. Luego, de repente, me enamoré de otra mujer. Un día en que le contaba de este amor mío, infeliz, me percaté de que ya no me importaba en absoluto, que el peso que gravaba sobre mí desde hacía tantos años de pronto había desaparecido».

En efecto, sólo un nuevo enamoramiento tiene el poder de anular, curar la desilusión del amor, la enfermedad del amor. Basta hablar de ello con la persona de la que estás enamorado *durante el período encantado del estado naciente*. Porque sales del viejo mundo, estás en un mundo nuevo. Del viejo amor recuerdas los hechos, pero ya no experimentas los sentimientos, la nostalgia y el dolor. La libido que había quedado fijada en él vuelve a fluir con libertad. Es decir, el estado naciente nos vuelve verdaderamente capaces de *rehacer el pasado*, de cumplir la *redención* del pasado, el «así fue» inmodificable que Nietzsche había prometer a Zaratustra.[2]

Proseguimos con otro ejemplo. Es una mujer que habla. «Estoy enamorada de un hombre que me ama profundamente. En los primeros tiempos, cuando le contaba mi vida y le hablaba de mi primer amor, el que tuve a los diecinueve años por un hombre que tenía quince más que yo, él tenía una actitud de desprecio. Me decía que era una pobre muchacha inexperta que había terminado en las manos de un desaprensivo. Hablando así disminuía mi amor, como si hubiera sido una debilidad. En cambio, yo amaba de verdad, profundamente a mi novio y él, aunque fuera a su manera, me amaba. Claro, me comporté de una manera in-

---

2. Friederich Nietzsche, *Cosí parlò Zarathustra*, Adelphi, Milán, 1968.

genua, cometí errores. Peleábamos, yo quería hacérselo pagar y entonces esperaba durante un mes su llamada telefónica y, cuando la hacía, le cortaba. Pero hubo largos períodos en los que él estaba verdaderamente enamorado. Dormíamos juntos, hicimos bellísimos viajes al sur y a las islas y fuimos felices. Luego nos dejamos, él se casó con otra, yo tuve otras experiencias, pero ya no me enamoré y entendí que aquel primer amor había sido quizá lo más hermoso que me había regalado la vida. Han pasado muchos años, ya no siento absolutamente nada por él, ni siquiera he querido verlo otra vez, aunque habría podido hacerlo con facilidad, pero recuerdo el gran amor que experimenté entonces y no debo negarlo o esconderlo». La *redención del pasado* no es, por eso, una deformación, una falsificación, sino sólo la liberación de los vínculos que aún nos mantenían sujetos. Esta muchacha ya no ama a ese hombre, pero recuerda su primer amor y sabe qué importante fue en su vida.

¿Por qué en el proceso de historización nosotros podemos escuchar a nuestro amado que nos cuenta sus amores anteriores sin ponernos celosos? Porque en el estado naciente del enamoramiento rompemos con el pasado y cuando él nos lo cuenta nos transmite esta experiencia de distanciamiento. Nos dice que es algo pasado y nosotros sentimos que es verdad, que ya no siente nada, que ese amor ha terminado, y terminado para siempre. Que ya no tiene deseos, nostalgias o añoranzas.

Por eso, el proceso de historización procede bajo forma de diálogo, en que cada uno cuenta la propia vida al otro y escucha lo que el otro dice de sí. Puesto que saben que son distintos, saben que han tenido experiencias amorosas que pueden haber sido importantes, ambos las cuentan con discreción y con prudencia, listos para dar un paso atrás si el otro rehúsa, listos para dar más énfasis si se percatan que el otro aprueba. La verdadera historización es siempre un rehechura de nuestra vida a cuatro manos, a través del dialogo, en que cada uno se pone en juego y acepta cambiar para encontrarse con el otro sin renunciar a sí mismo.

En este proceso hay implícito un peligro. Puesto que estoy fascinado por la persona que amo y no quiero en absoluto perderla, puedo decidir no decirle todo de mí mismo, sino mostrarle sólo la mejor parte, aquélla que pienso que pueda gustarle. Como ocurre durante el cortejo, en que cada uno trata de fascinar al otro. Pero el cortejo es una *representación*, mientras que la que se hacen los dos enamorados es una confesión. La historización del enamoramiento para ser eficaz debe estar fundada exclusivamente en la verdad. El ejemplo que hemos dado antes nos muestra a una mujer enamorada que quiere hablar de sí misma diciendo la verdad, aunque sabe que el hombre que ama querría que ella hablara con desprecio de su primer amor. Ella no cede, sabe que si lo hiciera deformaría su pasado, mientras que quiere ser amada por lo que es realmente, sin ninguna ficción.

6
Las pruebas

¿Cómo se pasa del enamoramiento al amor? A través de una serie de pruebas. Pruebas que nos ponemos a nosotros mismos, pruebas que ponemos al otro, pruebas que nos encontramos impuestas por el sistema externo. Algunas de estas pruebas son cruciales. Si son superadas, el enamoramiento avanza en el régimen de certezas cotidianas que llamamos amor. Si no son superadas, es sustituido por otra cosa: la renuncia, la petrificación o el desamor. De cualquier manera que vayan las cosas, estas pruebas, en general, son olvidadas. Si el enamoramiento se convierte en amor, ellas nos parecen, retrospectivamente, leves, casi un juego. El paso al amor, en nuestro recuerdo, se produce llenando poco a poco los espacios cotidianos con la alegría de estar juntos, el cuidado, la dedicación al otro, la serenidad. En la realidad, en cambio, esta evolución es siempre el producto de vicisitudes emocionales de las que, hasta el último momento, no se conoce el resultado.

El enamoramiento es, pues, una sucesión de pruebas. Ante todo las que nos planteamos a nosotros mismos. *Las pruebas de verdad*. Responden a la pregunta: «¿El mío es verdadero amor, estoy verdaderamente enamorado?». La conciencia de estar enamorado no se revela en un instante. Aunque parezca así, como en el flechazo. Porque luego esta experiencia de fascinación repentina se desvanece y nosotros elaboramos nuestros sentimientos en base a preconceptos, prejuicios que luego abandonamos. Quizá el libro que más que cualquier otro muestra la dificultad de reconocer el propio amor en un sistema donde se entrelazan los chismes y los celos es el último libro de Jane Austen, *Emma*. También aquéllos que dicen que se han enamorado por un "flechazo" luego cambian de idea y descubren que están verdaderamente enamorados de otra persona (y se casan con ella). También hay casos de personas que se han enamorado sin percatarse, sin ser conscientes de estarlo. Tenemos un ejemplo en *Los diálogos de los amantes* en que el protagonista, Rogan, cuenta que en su primer amor no había comprendido que estaba enamorado. Y lo mismo le ocurrirá con su gran y definitivo amor, Saky, del que se dará cuenta sólo cuando ella está lejos y no puede hablarle.

Recordemos luego que todos queremos también resistir al
amor porque tenemos miedo de estar a merced de otro.
Nos sentimos atraídos por la persona amada, pero
también quisiéramos prescindir de ella. Sobre todo
en los primeros tiempos del enamoramiento, esta
atracción nuestra nos parece tan extraña, tan
inmotivada, que nos las hace parecer casi como
un embrujo que nos ha caído encima y que,
como ha llegado, un día podrá pasar.

Así por la mañana cuando nos despertamos a veces nos decimos: «¿Has visto? Era todo una ilusión, esa persona ahora ya no me importa en absoluto, ya no pienso obsesivamente en ella». Para darnos cuenta, un instante después, de que es justamente lo que estamos haciendo, que estamos pensando obsesivamente en ella. Otras veces consideramos que hemos tenido una experiencia maravillosa, pero precisamente por esto destinada a terminar: «He aquí —pensamos— que he alcanzado el máximo que pueda nunca obtener, ahora puedo dejarlo y volver a ser como era antes, llevándome conmigo sólo un maravilloso recuerdo; he obtenido cuanto quería, ahora basta». Pero si lo hacemos, si intentamos prescindir de ello, inmediatamente después del distanciamiento nos percatamos de que el deseo regresa aún más intenso, obsesivo, que no ha terminado nada, que no se vive de recuerdos y somos presa del miedo de perder a la persona que amamos. Entonces vamos buscarla con el corazón en la boca. Otras veces, después de un período de gran felicidad, decimos que hemos experimentado el máximo deseo y que debemos amar menos intensamente. Pero no lo conseguimos; cada vez que intentamos separarnos, la persona amada se nos impone como el único objeto auténtico del Eros. El enamoramiento es siempre una lucha contra nosotros mismos, una lucha que perdemos y ante la que debemos rendirnos.

¿Pero hay un criterio único final en base al cual podemos decidir que sí, estamos verdaderamente enamorados? Me parece que la mejor respuesta nos la da este delicado pasaje de Barthes: «¿Estoy enamorado? Sí, porque estoy esperando. El otro, en cambio, no espera nunca. A veces tengo ganas de jugar a aquél que no espera, entonces trato de mantenerme ocupado, de llegar con retraso, pero en este juego pierdo siempre, cualquier cosa que haga me encuentro siempre desocupado. La fatal identidad del enamorado no es más que "yo soy el que espera"».[1]

1. Roland Barthes, *Frammenti di un discorso amoroso*, cit., pág. 42.

Pero a menudo la verdadera prueba, la que no deja dudas, la encontramos sólo en el dolor de la distancia, en la espera en que tu amado no viene. También el amor nacido del erotismo más despreocupado y jocoso se vuelve certeza de amor cuando es sometido a la prueba del distanciamiento. Separados sentimos un dolor atroz y comprendemos que, sin nuestro amado, no podemos vivir, no podemos respirar. Tenemos absoluta necesidad de su presencia física, de oír que nos dicen «te amo». Pero el distanciamiento nos enseña muchas otras cosas. Nos hace conocernos mejor a nosotros mismos y al otro, nuestros límites y los suyos, nos enseña a ser fuertes, pero también prudentes. El amor nace del placer, pero se forja en la realidad del sufrimiento.

En todo caso, cuando, para ponernos a prueba, nos apartamos de verdad, producimos unos efectos reales sobre la persona amada. Con nuestra ausencia también ella se pone a prueba. Viendo que me alejo piensa que no la amo. Con este juego dos enamorados pueden alejarse y acercarse varias veces e incluso llevar a cabo acciones que tienen efectos irreparables. Él ha partido para Estados Unidos por dos meses y ella se ha acercado a un amigo buscando compañía y comprensión, pero él la considera una prueba de que en realidad ella no la amaba.

En el comportamiento del otro buscamos de vez en vez aquello que nos justifica en el amar como en el defendernos. Signos de un vínculo profundo y signos de fragilidad. Ninguno de nosotros piensa merecer el amor del otro porque cuando amamos nos aparece como milagro, gracia. Pero en los momentos de duda pensamos que este milagro es sólo una ilusión, que esta gracia es sólo un embrujo momentáneo.

Luego, en el preciso instante en que estamos seguros de estar enamorados, comenzamos a preguntarnos si también él nos ama como lo amamos nosotros y con la misma intensidad, y tenemos miedo. Entonces las pruebas de verdad son sustituidas por las *pruebas de reciprocidad*, cuyo objetivo es responder a la pregunta: «¿Me necesita tanto como yo lo necesito a él? ¿Me ama como yo lo amo a él?» y nos ponemos a estudiar su comportamiento buscando los síntomas de que nos ama verdaderamente y aquéllos que nos parecen de desinterés. Examinamos meticulosamente todos sus comportamientos y todos sus gestos como síntomas de la reciprocidad del amor. Y antes que en las margaritas, la respuesta es buscada en los comportamientos del otro: «Si hace así quiere decir que... si no hace así quiere decir que...». En las cosas más sencillas, como si llega con antelación o con retraso, si se vuelve o no se vuelve, si me mira a mí o a otra persona. Es el inicio de ese estudio que continuará ininterrumpidamente por toda la duración de nuestro amor. Pero al principio no nos conocemos y el significado de un gesto no es nunca límpido. ¿Puede llegar con retraso, jadeante, y entonces esto qué significa? ¿Qué se había olvidado de mí o que le ha costado llegar, y por eso su retraso es una prueba de amor? Por otra parte, incluso cuando la prueba es negativa, basta una explicación suya, una mirada, una caricia para hacerla olvidar, para tranquilizarnos. Su sinceridad es vivida como prueba de reciprocidad. En el enamoramiento tenemos también crisis de celos, pero si el enamoramiento es verdaderamente recíproco duran muy poco porque los enamorados se calman de inmediato el uno con el otro.

En el enamoramiento, además, nos ponemos un tercer tipo de pruebas, que llamaremos *pruebas de proyecto*. Cada uno reorganiza sus afectos en torno a la persona amada con la cual elabora un proyecto de vida en común. En esta obra ambos aportan sus sueños, sus deseos, todo lo que habrían querido realizar. *El proyecto* que cada uno hace para sí implica al otro: es un proyecto de vida también para el otro, es la propuesta de lo que se debe querer juntos. Pero los dos enamorados son distintos y por eso entre ellos habrá inevitablemente diferencias y contrastes. Cada uno ejercita siempre una presión sobre el amado para conducirlo donde quisiera y, al mismo tiempo, acepta o trata de aceptar sus demandas. Yo he llamado este tipo de enfrentamiento *la lucha con el ángel*, en recuerdo de aquélla con el ángel sostenida por Jacob. A veces la pregunta «¿Me amas?» quiere decir «¿Aceptas entrar en mi proyecto?» y si el otro pregunta a su vez «¿Me amas?» en efecto es para preguntar «¿Y tú quieres entrar en el mío?». Y en este caso la afirmación «Te amo» quiere decir que sí: modifico mi proyecto, me pongo de tu parte, acepto tu demanda, renuncio a algo que quería, quiero junto a ti lo que quieres.

Por eso el «¿Me amas?» puede ser la demanda de que me admitas con todo el peso de mi concreción y de mis límites y de que renuncies a tus límites. Y el «Te amo» puede ser vivido como una aceptación incondicional. Tengamos ahora presente que nuestro amor puede llevarnos a adecuarnos demasiado rápido al proyecto del amado, a renunciar a nosotros mismos y a nuestra verdad. Pero, al mismo tiempo, un fuerte deseo de ser libres o de hacer todo aquello que nos parece puede llevar a no aceptar casi nada lo que el otro propone, a pedirle más de cuanto puede dar. Si cedemos demasiado, podemos darnos cuenta de que no podemos realizar nuestros deseos más profundos. Si pedimos demasiado, podemos percatarnos de que nuestro amado es infeliz y nos reprocha la violencia sufrida. Las pruebas deben ser siempre inteligentes y ligeras.

7
Las instituciones de convivencia

Y ahora llegamos al paso esencial: del enamoramiento al amor, del movimiento a la institución. En el libro *Génesis*,[1] desarrollando la teoría general de *movimiento e institución* distinguí dos tipos de instituciones. *Las instituciones de dominio y las de convivencia*. Jean-Paul Sartre, el otro autor que ha construido una teoría general de los movimientos, en su célebre obra *Crítica de la razón dialéctica*[2] sostiene, en cambio, que existe una sola, la de dominio. En efecto, según él, la fraternidad espontánea que aparece durante el estado naciente revolucionario en un momento determinado desaparece y, como sucedió en la Revolución francesa, se impone con el terror. Es la institución de dominio a la que él llama *fraternidad terror*.

Según Sartre, también el estado de fusión y de fraternidad del enamoramiento conduce a una institución de dominio. Tenemos un ejemplo de ello en aquellas personas que consideran a su enamorado, novio o esposo como una posesión y si éste un día decide dejarlas lo amenazan, lo persiguen y, en ciertos casos, lo matan. Entonces tenemos los fenómenos de *stalking*, en que el enamorado está obsesivamente convencido de que tiene derecho

---

1. Francesco Alberoni, *Genesi*, cit.
2. Jean-Paul Sartre, *Critica della ragione dialettica*, Il Saggiatore, Milán, 1963, en particular de la pág. 254 a la pág. 257.

a ser amado y persigue a su víctima para que vuelva con él. Si no lo hace puede incluso matarla. Como ocurre en la *Carmen* de Bizet en que don José sigue a Carmen —que lo ha dejado por el torero Escamillo— fuera de la plaza de toros de Sevilla. Por enésima vez le dice que la ama y le pide que vuelva con él. La mujer le responde que es libre, que no volverá y entonces él la mata.

Pero sin llegar a tanto, no hay duda de que muchos matrimonios, sobre todo en el pasado, seguían esta evolución. El marido se convierte en un déspota, la mujer oprime al marido, la sexualidad se convierte en una obligación que se reduce a una apresurada penetración, las manifestaciones de amor un beso ritual. La literatura y el cine están llenos de descripciones de estas situaciones matrimoniales opresivas, verdaderas prisiones sobre todo para las mujeres y los hijos, pero en las que todos, en el fondo, llevan una vida miserable que se justifica con la necesidad de supervivencia. Las clases acomodadas le han puesto siempre remedio dejándose recíprocamente muchas libertades, viviendo en habitaciones, si no en casas, separadas y teniendo cada uno su propio dinero, amigos y amantes.

Contrariamente a cuanto piensa Sartre, el estado naciente del movimiento colectivo, y del enamoramiento en el caso de la pareja, no lleva siempre a una institución de dominio. Es más, sobre todo la pareja, la mayoría de las veces desemboca en una *institución de convivencia*.

Para describir cómo nace la *institución de convivencia* en la pareja no hablamos de lo que une, sino de lo que separa a los dos enamorados. Apenas ellos comienzan a plantearse demandas, a hacer un proyecto de vida, se percatan de que son distintos. Algunas de estas diferencias son fácilmente superables gracias a la plasticidad, a la adaptabilidad del amor naciente. Pero también hay diferencias que he llamado los *puntos de no retorno*, diferencias a las que uno de los dos no puede renunciar porque, si lo hace, pierde sentido su mismo amor. Pensemos en dos personas de cultura, religión y nacionalidad diversas. Durante mucho tiempo el amor esconde la discrepancia, pero si estalla una guerra entre los dos pueblos, los dos amantes se encuentran en frentes opuestos y pueden llegar a odiarse.

A veces el *punto de no retorno* está representado por el hecho de querer o no querer hijos. Hay una mujer de cuarenta años con dos hijos que se enamora de un hombre de treinta que quiere tener sus propios hijos. Pero ella esta experiencia ya la ha probado, sabe cuántos cuidados, cuántos sufrimientos le ha costado; además sabe que, durante el embarazo y en el puerperio, su joven amante podría alejarse de ella. A través del enamoramiento ella quiere volver a sentir lo que sentía de adolescente, amar y divertirse, no repetir cuanto ya ha experimentado.

Otro ejemplo de puntos de no retorno es aquél de dos amantes de los cuales el hombre está casado. La mujer se dice: «Sé que me ama, pero no me lleva consigo en su vida, me tiene separada de su trabajo, no me presenta a sus amigos, quiere confinarme a la figura de la amante secreta que está siempre en la sombra. Pero así mi amor se transforma en rencor, en resentimiento». Pero también para él el divorcio puede ser un punto de no retorno. No se siente con fuerzas de divorciarse, de dejar a su mujer y a sus hijos, está desgarrado por el sentimiento de culpa. Además no quiere una nueva familia, con los mismos deberes, con la misma monotonía cotidiana. Cada uno ha encontrado un punto de no retorno: cada uno pide al otro que renuncie a algo esencial, algo que se ha vuelto esencial precisamente por el nuevo amor.

Claro, muchos puntos de no retorno son insuperables y conducen inexorablemente a la ruptura de la pareja. Es como si estuviera condenada desde el principio y no lo supiera. Pero hay muchas discrepancias que no llevan necesariamente a la separación. Dos amantes que tienen ideas religiosas, políticas o gustos estéticos diversos están siempre a punto de sentirse extraños, de dudar de su amor o de su intimidad, sobre todo cuando, sintiéndose finalmente libres de ser ellos mismos, no mienten, sino que se dicen siempre y sólo la verdad. Se enfrentan, discuten y se alejan. Es una lucha entre gente que se ama, pero es siempre una lucha dramática.

¿Cómo se resuelve el problema sin llegar a la ruptura o al dominio del uno sobre el otro? ¿Cómo nace la *institución de convivencia*? Cuando el punto de no retorno del otro es tomado como *propio límite auténtico*, querido como propio auténtico límite.

Yo nunca le pediré que renuncie a lo que es esencial para él y él nunca me pedirá que renuncie a lo que es esencial para mí. **Cada uno reconoce el deseo, la necesidad o la preferencia** *del otro al otro como un* **derecho fundamental e inalienable.** **Cada uno sabrá que el otro no le pedirá lo que él no** **puede conceder. Cuando esto ocurre se llega a un pacto.**

Esta certeza, encontrada en la desesperación, constituye el punto fuerte de la confianza recíproca. Éste es el acto fundamental que está en la base de la concepción liberal y democrática moderna[3] y que da origen a una *institución de reciprocidad y de convivencia*. Ésta vale tanto en los movimientos colectivos que crean instituciones políticas como en la pareja. En ésta sé que amo y no puedo dejar de amar, pero también sé que mi amado tiene derechos y

---

3. Francesco Alberoni, *Genesi*, cit. Véase el capítulo que trata del pacto y de los fundamentos de la democracia, págs. 240-260. Ellos corresponden exactamente a los de la pareja, sólo que son distintas las instituciones colectivas: constitución, estado, parlamento y elecciones.

libertades que nunca podré violar, que tengo límites que no puedo superar y que nunca superaré.

Por eso el amor surge en torno a una institución, en torno a un pacto. Y éste surge en torno a un límite, al reconocimiento de que la coerción, el dominio son incompatibles con el amor y, por tanto, deben ceder el terreno a la comprensión, al respeto. El pacto es el reconocimiento de la diferencia recíproca, de la libertad recíproca, del recíproco e inalienable valor.[4]

---

4. Son los *derechos fundamentales e inalienables* establecidos por Locke en contraste con el poder ilimitado del soberano de Hobbes. Véase John Locke, *Due trattati sul governo e altri scritti politici*, UTET, Turín, 1948, en particular págs. 229-240. Por eso hay una absoluta correspondencia entre la democracia interna de la pareja y la democracia del sistema social, en cuanto ambos nacen del movimiento y del límite que este, al convertirse en institución, se impone.

8
Las objetivaciones

Pero imaginemos que todo va bien, que se ha tomado la vía de la institución de convivencia y del pacto. El enamoramiento está en el momento de la revolución, cuando se hacen añicos las viejas reglas, los viejos vínculos, los muros de la prisión y los dos enamorados encuentran en el otro todo lo que siempre han deseado y el mundo les parece tan hermoso como el primer día, el jardín encantado del Edén. El enamoramiento es verdaderamente el descubrimiento de que las puertas del paraíso terrenal pueden ser otra vez abiertas y que el hombre, la naturaleza y el mundo están hechos para el placer, para la felicidad. Pero este estado no dura. En el libro *Enamoramiento* y amor citaba el *Génesis*: «Después de haber sacado al hombre, puso al Oriente del jardín unos seres alados y una espada ardiendo que se revolvía hacia todas partes, para evitar que nadie llegara al árbol de la vida». En el estado naciente del enamoramiento el hombre arranca de la mano del querubín la espada flameante y entra en el jardín del Edén. Pero no se puede detener allí, no puede convertirla en su casa y en su tierra. El estado naciente es por definición transitorio. No es un estar, es un ir hacia algo estable.

Pero esta experiencia revolucionaria no se pierde, transforma a los individuos, hace estables las elecciones tomadas, fija la voluntad. El movimiento se vuelve institución. Las experiencias emocionales se traducen en *objetivaciones espirituales y materiales*.

Comencemos por las *objetivaciones espirituales* más sencillas, es decir, *las reglas de vida* que se establecen en el interior de la pareja. De costumbre, cuando dos personas están muy enamoradas, ninguna de las dos trata de imponer a la otra reglas rígidas. Ambas están dispuestas a cambiar, a modificarse, a explorar nuevas formas de existencia. Poco a poco la convivencia cotidiana produce un conjunto de normas y de reglas que duran en el tiempo. Algunas *objetivaciones espirituales* nacen de la lenta adaptación recíproca, *del hábito*, sin que haya discusiones. Quien se despierta antes, lleva el café a la cama al otro que no consigue abrir los ojos. Cada uno elige su sitio preferido delante del televisor, y luego continúa usándolo durante años. Si uno nunca bebe vino y el otro sólo esporádicamente, la botella acaba por desaparecer de la mesa. Reaparece sólo cuando hay huéspedes para cenar. Las relaciones eróticas son aún más delicadas.

La mujer quiere hacer el amor cuando está descansada,
cuando tiene tiempo por delante, cuando está excitada.
Primero necesita excitarse y sólo después desea y se ofrece,
ardiente. Acabado el acto sexual le gusta permanecer
abrazada a su amado, hablar con él, sentirse amada.
En cambio, el hombre, que se excita mucho antes, quiere
hacer el amor de inmediato, luego quizá se acuesta a su lado
y se duerme. Entonces es sólo a través de una aclaración que
la pareja establece un acuerdo entre lo que cada uno desea
y encuentra lo que gusta a ambos. Es sólo el pacto
(tácito, explícito) que permite continuar el
proceso de fusión sin que uno avasalle al otro.

Luego están las *objetivaciones materiales*. La pareja es una entidad viva que actúa en el mundo. Busca y predispone el lugar en que encontrarse, en qué vivir. Los dos enamorados montan una vivienda, la amueblan según sus gustos y exigencias. Participan en la actividad política, colaboran en labores de asociaciones o de confesiones religiosas. Hacen viajes y vacaciones. Establecen relaciones con los amigos, con los colegas y con los vecinos. Modifican el ambiente material y social en que viven. Es decir, crean su nicho ecológico. También en esta actividad constructiva los dos sujetos están en relación dinámica: convergen y divergen, expresan su identidad personal y colectiva. Objetivan, confrontándose, su voluntad y su acción. El amor es cada vez menos contemplarse arrobados y más un trabajo, construir juntos, dejar la propia huella en el mundo.[1]

Se demuestran su amor también a través de las elecciones, los objetos materiales, sobre todo los obsequios. No todos deseamos hacer a nuestro amado el obsequio más hermoso que él pueda imaginar. El hombre desea que su mujer pueda ser elegante y admirada, ofrecerle hermosos viajes, hermosas vacaciones, acompañarla a hermosas fiestas, al teatro. Y la mujer demuestra su amor haciendo la casa más distinguida, más cómoda, con bellísimas cortinas, un refinado salón, un baño moderno. Algunas están convencidas de que no hay mejor manera de demostrar su amor por el marido. Porque todas estas cosas las hacen por él, para que se encuentre bien, para que esté orgulloso de su casa. ¿Qué es el amor si no querer ver feliz a nuestro amado? Es de este modo que, poco a poco, algunas casas se vuelven extraordinariamente lujosas, refinadas y elegantes, como si todo el amor de los dos esposos se hubiera objetivado en ellas. Mientras que su rela-

---

1. Para más detalles, véase Francesco Alberoni, *Ti amo*, cit., págs. 203-218.

ción personal se ha vuelto rutinaria y monótona. Es como si todo el amor hubiera confluido en el objeto dejando las almas vacías y los cuerpos fríos. La casa, el castillo y la barca han absorbido todas las energías vitales, han devorado toda la pasión.

9
¿Pero esto es el amor?

Las instituciones nacen para realizar el sueño del estado naciente. Los dos enamorados tratan de cumplir, de dar sustancia objetiva, institucional a todos los deseos que han tenido. Pero poco a poco todo lo que se ha hecho, decidido, prometido y querido se enrigidece en una norma. Nacen las repeticiones. En Navidad, en Semana Santa, el día de la Asunción, o también en las demás fiestas, se va donde los padres del uno o del otro. Los domingos se va al mar o a esquiar a la montaña. Luego se compra o se alquila una casa, a la que se va siempre. O, sencillamente, se ve a los mismos amigos, en los mismos restaurantes. Luego están las actividades con los hijos, con sus amigos, las vacaciones. Todo es regulado, también el amor se hace en fechas y en horarios fijos. La vida se convierte en un camino en el que están previstos todas las etapas, todos los encuentros. Lo que antes era invención y sorpresa, se convierte en un gesto ritual, en una costumbre. Podríamos decir que todo es regulado minuciosamente por una etiqueta.[1] Nosotros conocemos las complicadas etiquetas de la

---

1. Es increíble la complejidad de casi todas las etiquetas reales. En las sociedades arcaicas el rey a veces es un verdadero prisionero, siempre a punto de ser asesinado. Las reglas y las prohibiciones sirven para aprisionar su poder mágico-divino. Son fascinantes los relatos que sobre este tema hace James Frazer en *Il ramo d'oro*, Bollati Boringhieri, Turín, 1990. En la corte de Francia, aún en el siglo XVII, tanto el rey como la reina se desvestían y vestían en presencia de decenas de personas encargadas de su servicio, cortesanos que, en base al rango

corte de Francia, donde el rey nunca era dejado solo, debía levantarse, comer e irse a dormir en público, recibir a la reina, a los hijos o a los nobles en un orden preestablecido e inmutable. Pero un conjunto de reglas se forma en todas las familias restringiendo progresivamente la relación espontánea entre los dos amantes hasta que la casa se convierte en una jaula.

Pero, sin llegar a tanto, lo que era apasionado deseo sexual y continuo descubrimiento se convierte en práctica cotidiana, hábito y deber. Así, poco a poco, se instaura un amor sin pasión, sin problemas y sin aventura. El tipo de amor que Fromm propone en su *El arte de amar*. Un amor basado en la seguridad, el respeto, la responsabilidad y la serena certeza de poder contar con el otro. Todas cosas nobles y solemnes, pero que excluyen la pasión, el deseo y el placer vibrante de la espera. La mujer no aguarda a su hombre disponiéndose para el encuentro amoroso dándose un baño, perfumándose, peinándose, poniéndose un seductor negligé y saboreando el momento en que él la abrazará, la estrechará con fuerza y luego le bajará los tirantes para besarle el pecho. ¡Y el hombre, lejos, no espera con ansia el momento en que podrá abrir la puerta de casa y encontrarse a ella que lo espera, suave y perfumada, que lo mira, que sonríe y entiende que lo ama! Estos cónyuges que se aman «a lo Fromm» lo tienen todo: la seguridad, la confianza, el amor garantizado y la corrección, pero no experimentan la palpitación, no sienten la necesidad física de tener cerca al otro, de tocarlo, no son presa de la conmoción viéndolo caminar, dormir y respirar. No tienen el orgullo de poseer a esta persona extraordinaria y, al mismo tiempo, el temor de que un

---

personal, se ocupaban de determinados aspectos del vestir o desvestir. Análogamente los reyes comían en presencia de una pequeña multitud de súbditos, admitidos en los salones del palacio real. La obra más importante en este campo es la de Norbert Elias, *La società di corte*, Il Mulino, Bolonia, 2010.

día pueda no amarte porque el amor es un don maravilloso, pero siempre es un don. En resumen, no se encuentran siempre a medio camino entre la tierra y el cielo, como dice Sócrates a Eros, seguros e inseguros, felices y ansiosos, arrogantes y necesitados de su amado como el niño de su madre. En la institución permanecemos establemente sobre la tierra y consideramos estas cosas como debilidades románticas.

Todas las investigaciones han demostrado que la pasión es más elevada, tanto en los varones como en las mujeres, en los primeros tres años de matrimonio. Luego se atenúa. Y las mujeres son las que sufren más. El hombre se adapta más fácilmente a la monotonía de la vida matrimonial, y se encuentra a gusto en ella. La mujer menos. Porque es ella la que se ocupa de todas las tareas domésticas y de la organización de la casa, mientras que el hombre se beneficia de ello. Pero sobre todo porque la mujer da más importancia al sentimiento, al diálogo y a la intimidad. La matrimonialista Laura Remiddi decía en una entrevista: «Nunca me ha ocurrido que un hombre pida la separación o el divorcio porque su mujer no dialoga con él. Mientras que muchas mujeres lo hacen».[2] El malestar provocado por la aridez hace que algunas prefieran irse a vivir solas antes que compartir la existencia con un marido que parece un pensionista. Tienen nostalgia de la época incandescente y dorada el enamoramiento, cuando aquel mismo hombre era apasionado y lleno de premuras. Parecía un caballero valiente y gentil, hacía vibrar su corazón. Luego, un día, no recuerdan bien cuándo, han comenzado a tener nostalgia del amor. La nostalgia ha sido sustituida por una sensación de extrañeza y, luego, por una sorda cólera. Una cólera que el hombre no entiende, por lo cual las mujeres se enfurecen aún más. Hasta la decisión de estar solas. Por otra parte, sus maridos, a menudo ya después de

---

2. Entrevista publicada en mi libro *Ti amo*, cit.

pocos años de matrimonio, habían comenzado a mirar a sus esposas con ojos carentes de deseo. Parecían atraídos sólo por las otras.

¿Pero qué hay detrás de todos estos fenómenos? ¿Un proceso gradual de atenuación del erotismo, un acostumbramiento a la vida cotidiana, a su banalidad, a sus fatigas, o el precipitado de innumerables crisis mal gestionadas, no resueltas? Probablemente ambas cosas. El resultado es que a menudo la institución se transforma en una cáscara vacía. Los dos dicen que siguen amándose, pero en realidad su amor aflora sólo raras veces. El amor ardiente, el amor apasionado, para existir debe ser siempre «naciente». Si en la institución, es decir, en el amor convertido en seguridad y serenidad, no queda nada de este estupor entusiasta, de esta revelación divina, de esta ansiosa interrogación, podemos continuar hablando de amor, pero de un amor venido a menos, mortecino, que pertenece más bien a la categoría de la simpatía, de la ternura, de la atención y, en ciertos casos, del deber. En muchos matrimonios, en muchas convivencias, dos personas están juntas porque están habituadas a hacerlo, porque aunque a veces lo desean es demasiado fatigoso cambiar. Es sobre todo fatigoso para los hombres, que se hallan a disgusto gestionando solos una casa, mientras que el sexo pueden encontrarlo también fuera del matrimonio.

Algunos entonces dicen: «Somos como hermanos, somos como amigos». No, el amor extinguido, el amor cansado o el amor hábito que se encuentra entre los viejos cónyuges no se parece al que sentimos por los padres, los hermanos o los amigos. Con estos no estamos obligados a comer juntos, a dormir juntos, a tener que decir a dónde hemos ido y qué hemos hecho. Con el marido, la mujer o el conviviente, sí. El deseo que experimentamos al principio, cuando estamos enamorados, de poner en común nuestras vidas se han convertido en una obligación y un instrumento de control recíproco, por tanto, de prisión. Lo contrario del enamoramiento, que es liberación y libertad.

60

A menudo los amantes, cuando sienten que viven una vida prisionera y árida, buscan una solución fuera de la pareja, se enamoran de otra persona, o buscan una amante en la cual, si no encuentran un gran amor, hallan la variedad y la emoción, un nuevo erotismo. Es así que nace la traición. Como revuelta contra la monotonía, el deber y la esclavitud de la vida cotidiana. Por la necesidad de volver a sentirse vivos, frescos y nuevos, sin que nadie te pida que hagas esto o aquello, sin obligaciones. Con una persona desconocida y distinta puedes olvidar quién eres, tus frustraciones y tus deberes. El encuentro erótico son unas vacaciones. Interrumpe la trama de la vida cotidiana hecha de trabajo, enfrentamientos, esperas, protestas y compromisos. El amante no te reprocha, no te critica, no refunfuña. Es amable, te hace sentir de nuevo guapa, interesante y deseada. Te parece que vuelves a ser joven y libre. Y sólo buscas el placer.

Es porque eran conscientes de esta evolución de la pareja que todas mis lectoras en todos los países del mundo siempre me han planteado la pregunta: «¿Pero se puede prolongar el estado encantado del enamoramiento, estar siempre enamorados?». Y, en base a cuanto había escrito, debo decir que no es posible porque la fase del enamoramiento inevitablemente acaba, el enamoramiento se convierte en amor y la pasión ardiente se convierte en institución. Al mismo tiempo, entendía que su pregunta era correcta porque nosotros deseamos permanecer en el estado en el estado paradisíaco del amor naciente. Pero ahora he cambiado de opinión. Y ha llegado para mí el momento de dar una respuesta. No, no es verdad que el enamoramiento se extinga siempre en una situación esclerótica o en una vida cotidiana carente de pasión y de deseos. Hay casos, aunque no frecuentes, de personas que siguen amándose como se amaban al principio durante muchos años, incluso durante décadas. *Sí, es posible* un amor que conserva muchas de las características del enamoramiento, el deseo vivo, ardiente de ver, de tocar, de hablar, de hacer el amor con la persona amada, el fuego del deseo, la alegría de estar juntos, la felicidad cuando la encuentras, el estupor por cuanto te ha sido dado.

Sí, debemos volver a dar a la palabra amor su significado más pleno, más auténtico. Porque el verdadero amor es revelación, admiración y adoración, fusión con algo que nos trasciende y que da un nuevo sentido al mundo. La persona que amamos se nos revela como el perno del ser, aquello que trasluce la vida y del cosmos. El amor no puede ser sólo institución, refugio seguro, una casa donde descansar; debe ser siempre también una tempestad que nos produce el estremecimiento de lo absoluto, el estupor de lo nuevo, el terror de la pérdida y una felicidad misteriosa, maravillosa y divina. Y todo esto es alcanzable y puede durar mucho, muchísimo. Más de cuanto se cree en esta época convencido de que todo es efímero, que todo es líquido, y que por eso devasta lo que tiene valor y lo que dura.

Y, para concluir, digamos que para realizar el gran amor que dura debes quererlo.

Debes abandonarte al amor apasionado, aceptarlo, desearlo, considerarlo un bien, un valor, una fuente de alegría, no temer excederse, no mirar lo que hacen los otros. Y no tener miedo de dedicarte demasiado a tu amado, de pensar demasiado en él, de desearlo demasiado. El amor es, por definición, una exageración, un exceso. En todos los campos, en el deseo, en el placer, en buscarse, en sufrir y en disfrutar.

Segunda parte
Exploraciones

10
En Oriente

Para continuar de manera rigurosa, debemos volver atrás en la historia, preguntarnos cómo ha nacido y cómo se ha desarrollado el enamoramiento. El enamoramiento, aun estando presente en todas las sociedades y en todas las épocas, ha asumido una configuración precisa y se ha convertido en la base de la convivencia amorosa y del matrimonio sólo en Occidente. Porque sólo en Occidente ha emergido la individualidad que ha conquistado su libertad arrancándola a la familia, a la tribu y a las costumbres. El enamoramiento es el fruto de la libertad.

En la India siempre ha dominado el sistema de castas dentro de las cuales te debías casar o emparejar, y enamorarse de alguien de otra casta significaba convertirse en un descastado, un paria, un desecho de la sociedad. Por esto la India ha desarrollado al máximo grado el arte erótico, el arte de darse placer y no la literatura sobre el amor romántico. El *Kamasutra* no era un libro que leer de manera solitaria y secreta, era un texto de formación para los placeres de los varones acomodados y, sobre todo, era un texto de formación de las jóvenes que debían casarse o que se disponían a convertirse en esposas, concubinas o a entrar en el harén de un hombre rico del que habrían dependido toda la vida. El texto de Vatsyayana, redactado probablemente en el siglo III d.C., incluía enseñanzas sobre 64 disciplinas, como la música, la literatura, la poesía, la danza, el canto, la higiene, la cocina, la arquitectura, la decoración o la conversación agradable. Y era, no lo olvidemos, un texto religioso, porque el amor erótico, el Kama, es parte esencial de la experiencia religiosa hinduista. Quizá en la época de su redacción y en los siglos sucesivos su uso estaba difundido también en las clases no adineradas, porque la búsqueda del estado erótico-religioso estaba muy difundida, como muestran las innumerables representaciones eróticas de los templos tántricos indios y no sólo de los más famosos, los de Khajuraho. Leyendo y mirando las figuras del *Kamasutra* no conseguimos entender si la pareja está o no enamorada. Y lo mismo vale para las estatuas de los templos del amor. En algunos casos se diría que no, porque estamos frente a una orgía, en otros que sí, porque los dos amantes se abrazan de manera apasionada mirándose a los ojos. En realidad, no tiene ninguna importancia. Pueden estarlo ambos, puede estarlo sólo el personaje masculino o el femenino o ninguno de los dos.

El sentido profundo de la enseñanza no es declarar o contar un amor, sino enseñar cómo dar y recibir un grandísimo placer sexual independientemente del amor o del enamoramiento. La esposa o concubina puede estar o no estar enamorada de su marido o amo, pero debe haber aprendido los gestos, las posiciones, las caricias, las expresiones del rostro e incluso los sentimientos apropiados para agradarle, para despertar en él el amor y darle la felicidad erótica. También las disposiciones de ánimo, que nosotros en Occidente confiamos a la espontaneidad del amor, aquí son aprendidas, son técnicas.

En China no existían las castas, pero siempre han dominado las costumbres. Los matrimonios y las demás relaciones eróticas eran concertados por las familias según reglas seculares. Da una excelente descripción de ello el libro de Jung Chang, *Cisnes salvajes*.[1] También aquí ciertamente la gente se enamoraba, pero si lo hacía fuera de los ámbitos preestablecidos era duramente castigada. En el libro *El amante* de Marguerite Duras,[2] el joven chino está locamente enamorado de la muchacha blanca y suplica a su padre que lo deje casarse con ella, pero obtiene un total rechazo. Y seguirá enamorado de ella para siempre. La muchacha francesa, que durante meses hará diariamente el amor con él experimentando un inmenso placer, no entiende que lo ama, piensa que es sólo algo físico. Se percatará de ello en el barco, de regreso a París.

Prohibido el enamoramiento, ya no es posible una nítida distinción entre atracción sexual y atracción amorosa: no hay una diferencia abismal entre "te amo" y "me gustas". En consecuencia, hay un solo lenguaje, con una transición impalpable entre las expresiones afectivas, dulces y apasionadas —*tesoro, amor, corazón, cariño, quisiera morir entre tus brazos*— y aquéllas que designan las partes sexuales —*las dos colinas gemelas, el valle del placer, la colina de la luna, la fosa del placer, el gabinete secreto*— hasta las experiencias específicamente orgásmicas: *la nube que estalla*, etc.[3] El amor, además, está fundido con el cuerpo y se hace posible también un lenguaje amoroso del cuerpo sin palabras, como en el ya recordado *Kamasutra*.

Por eso no existen novelas de amor dramáticas como en Occidente, sino clásicos del erotismo y del erotismo amoroso. En

1. Jung Chang, *Cigni selvatici. Tre figlie della Cina*, Longanesi, Milán, 1991.
2. Marguerite Duras, *L'amante*, Feltrinelli, Milán, 1985.
3. Véase Li Yu, *Il tappeto da preghiera di carne*, Bompiani, Milán, 1973.

China, ya durante la dinastía Han (206 a.C.-220 d.C.) la bibliografía oficial enumeraba ocho manuales, a los que se han añadido muchos más. Luego había innumerables novelas eróticas. En todas estas obras el protagonista va en busca de la belleza y del placer, y el erotismo es siempre tratado con metáforas poéticas delicadas, totalmente ausentes de nuestra literatura.

En el mundo islámico la posición de la mujer siempre ha estado a un nivel inferior y no se le reconoce el derecho de enamorarse y de unirse con quien le plazca. En el célebre *Las mil y una noches* no hay una sola historia de amor comparable a la de Tristán e Isolda, Abelardo y Eloísa, Romeo y Julieta o Paolo y Francesca. El amor apasionado que desafía el matrimonio es siempre descrito como una infamia que merece el desprecio y la muerte. Así comienza el libro mismo: el soberano, que ha sido traicionado por la reina, la hace matar a ella, a su amante y a todas sus concubinas, luego elige cada noche una mujer distinta y la hace matar por la mañana. Sherezade sobrevive contándole continuamente nuevas historias no terminadas, por lo cual el soberano la mantiene viva para oír la continuación a la noche siguiente. En todas estas historias la mujer no tiene derecho a enamorarse de quien quiera. En el relato *El rey de las islas negras* la reina se enamora locamente de un hombre que es despreciativamente representado como un vil esclavo negro. El rey los descubre y hiere al hombre en modo de paralizarlo y dejarlo mudo. Pero la mujer continúa amándolo, lo atiende durante años y recita para él estupendas poesías de amor. Pero no hay una sola palabra de elogio, ni siquiera de compasión a su favor. Es presentada como una bruja monstruosa y, al final, asesinada.

11
Enamoramiento y Occidente

El enamoramiento está ligado a Occidente. Sus premisas se si-
túan en Grecia porque aquí nacen la subjetividad y la voluntad
del individuo que en Roma tendrá formulación jurídica. En los
diálogos de Platón no se discute de prácticas eróticas o de cómo
alcanzar el placer, sino precisamente del amor, la fuerza que
liga a dos personas de manera exclusiva. Aunque rechazada
por Sócrates, nos impresiona la explicación que da Aristófanes
del enamoramiento. Él dice que, al principio, el hombre había
sido creado esférico, completo y satisfecho en sí mismo. Luego
Zeus lo dividió en dos y desde entonces cada mitad va en busca
de su parte perdida. No me siento aquí en condiciones de abor-
dar el problema del por qué precisamente en esta civilización se
plantea el problema del amor; me limito a notar que tanto en
Grecia como en Roma siempre ha existido la monogamia, mientras que en Oriente siempre ha existido la poligamia. Claro que
en Roma existía la esclavitud y, por eso, la monogamia no significaba libertad sexual. El amo copulaba con todas sus esclavas
de manera compatible con los celos de su esposa. Pero ni siquiera el más rico y poderoso de los hombres podía tener varias
esposas o un harén. César era el dueño del mundo, pero debía
casarse y debía divorciarse como los demás ciudadanos roma-
nos. El matrimonio requería el acuerdo de la mujer que también
podía divorciarse.

El cristianismo reforzó la igualdad entre varón y mujer afirmando que todos los seres humanos son iguales, que no hay ninguna diferencia entre hombre y mujer y sólo el individuo puede decidir a quién quiere como marido o mujer. Pero el cristianismo simultáneamente produjo una violentísima represión de la sexualidad y convirtió el matrimonio en indisoluble. La sexualidad en sí era considerada un mal y era justificada sólo por la procreación. Durante la baja Edad Media las libertades romanas se perdieron, el matrimonio fue de nuevo concertado por los padres y, durante toda esta época, tanto el erotismo como el amor desaparecieron literalmente de toda manifestación artística.

Todo comienza a cambiar cuando, entre el 1000 y el 1200, empieza del desarrollo económico, en las ciudades se forma una burguesía artesanal y mercantil y se desmantelan las estructuras políticas feudales. El proceso se produce a través de violentos movimientos políticos y religiosos, entre los que recordamos, ante todo, el de Cluny, que crea en toda Europa una red de 1700 monasterios. Son los monjes de Cluny los teóricos, los activistas y, por último, los protagonistas del proceso de reforma que, con Gregorio VIII, crea la estructura de la Iglesia que durará los siguientes mil años, hasta hoy. Pero el fermento social se ha expresado a través de la formación de los municipios, verdaderas ciudades-estado republicanas. Siguen otros movimientos, sea ortodoxos, como los Humillados, los Franciscanos y los Dominicos,[1] sea heréticos, como los Valdenses, los Hermanos del Libre Espíritu y los Cátaros. Pues bien, el mismo fenómeno de revuelta y de creación de nuevas instituciones se presenta también a nivel de pareja. El enamoramiento es una revolución contra el matrimonio concertado por las familias, una afirmación de la libertad

---

1. Clifford Hugh Lawrence, *Il monachesimo medievale*, San Paolo, Milán, 1993; H. Grundmann, *Movimenti religiosi nel medioevo*, Il Mulino, Bolonia, 1974.

individual. A veces es incluso una revuelta contra el orden constituido, contra los deberes matrimoniales y hasta contra la lealtad feudal. Y siempre se contrapone a ellos como valor a valor.

Los protagonistas de las grandes historias de amor que conmueven a las multitudes, Tristán e Isolda, Lancelot y Ginebra, son unos adúlteros que han traicionado a su rey.[2] Son adúlteros también Paolo y Francesca, que, no obstante, en la Divina comedia, *constituyen el ejemplo de un amor sublime. Y se hacen famosos y ejemplares también Abelardo y Eloísa, separados por la sociedad y, sin embargo, unidos para siempre, tanto que la piedad popular los reúne juntos en la misma tumba. Cuando Shakespeare crea una historia de amor medieval, escribe* Romeo y Julieta, *dos adolescentes que pertenecen a dos familias hostiles contra las cuales ellos, en nombre de su amor, se rebelan. Es el esquema del amor como rebelión a una institución consolidada para crear una nueva pareja, con nuevos valores.*

Pero el período en que el enamoramiento se afirma como categoría cultural dominante es a fines del siglo XVIII y sobre todo en el XIX, la época romántica, hasta el punto que aún hoy los anglosajones, carecen del concepto de enamoramiento, lo llaman *romantic love*.[3]

---

2. Tony Tanner, *L'adulterio nel romanzo*, Marietti, Génova, 1990.

3. Es una tesis acreditada también por Niklas Luhmann que, en su libro *Amore come passione* (Laterza, Roma, 1985), describe el amor pasional del período 1600-1700 como un arrebato intenso y breve. Por tanto, algo que no es un verdadero enamoramiento. Luego dedica un capítulo al amor romántico de si-

La afirmación generalizada del enamoramiento entre fines del Setecientos y todo el Ochocientos es la consecuencia de una revuelta individual al matrimonio concertado por las familias por razones feudales o utilitarias, por tanto, una lucha del individuo contra las instituciones sociales. El amor romántico es un amor contrastado por obstáculos internos y externos, en consecuencia, dramático, a menudo trágico. Werther no es correspondido porque ama a una mujer que ya está comprometida y, al no poder tenerla, se mata. Lo mismo hará Jacopo Ortis de Ugo Foscolo. Esmeralda en *Notre-Dame de París* y Carmen en el relato homónimo de Prosper Mérimée mueren porque sólo aceptan un amor verdadero, no quieren doblegarse o fingir. En *Cumbres borrascosas* los dos amantes sólo se encuentran en la muerte. Muere Madame Bovary, que traiciona a su marido pero no es correspondida por quien ama. Muere Anna Karénina cuando, después de haber dejado a su marido e hijos, ya no se siente amada. Pero el amor no siempre es trágico. No lo es, desde luego, en *Los novios* de Manzoni, donde los dos enamorados superan todo tipo de dificultades y se casan. La Emma de Jane Austen, después de muchos errores, descubre que ama a Knightley y lo desposa. También Dickens con *La pequeña Dorrit* nos da una sonrisa de amor que termina en el matrimonio y lo mismo hace Goncharov en el libro *Oblomov*, donde Stolz se casa con su amada Olga. Así el capitán Fracassa de Gautier se casará al final con su Isabella y, en *Crimen y castigo*, Sonia sigue

---

glo XIX, pero sin hacer una fenomenología de él. En efecto, no se basa en datos sociológicos y antropológicos, no estudia las biografías, analiza y comenta sólo textos literarios. Además, ignora totalmente el teatro de Shakespeare, Racine, Molière, Corneille, Goldoni, ignora la obra lírica de Gluck, Rossini, Mozart, Verdi, Puccin, Bizet, en resumen, ignora deliberadamente todas las fuentes donde habría encontrado todo tipo de enamoramiento y de amor. De este modo su historia del amor pasión no representa de ningún modo lo que ocurría en la realidad y es totalmente desorientadora.

a Raskolnikov a Siberia. He puesto estas últimas observaciones para desmentir la tesis de Rougemont,[4] según la cual el concepto de enamoramiento se origina en la herejía maniquea y es, por tanto, deseo de muerte, por lo que nunca puede estar en la base del matrimonio. La tesis de que el enamoramiento no debe ser puesto en la base del matrimonio ha tenido muchos defensores y entre estos en particular Jean-Jacques Rousseau, que la expone en *La nouvelle Eloise*. En efecto, el amor es algo irracional y efímero, que no crea lazos sólidos, una ideología que llega hasta el siglo XX con Erich Fromm, Sigmund Freud, José Ortega y Gasset, Niklas Luhmann y René Girard.

Los obstáculos y los impedimentos que en el siglo XIX hacían dramático el enamoramiento desaparecen gradualmente en el siglo XX, hasta el punto de que el enamoramiento, hoy, en Occidente, es puesto unánimemente como base natural de la pareja y del matrimonio.

---

4. Denis de Rougemont, *L'amore e l'Occidente*, Rizzoli, Milán, 1977.

12
La crisis contemporánea

Pero, con la difusión de los métodos anticonceptivos entre las mujeres, hacia mediados del siglo xx la sexualidad fue separada de la procreación y estuvo cada vez más orientada al placer. Simultáneamente, la desaparición de los obstáculos sociales a la libre elección de los dos amantes y la posibilidad de tener relaciones sexuales desde la adolescencia hace que los dos enamorados tengan menos necesidad de enfrentarse con las instituciones sociales para realizar su amor. Añadamos, además, que todas las elecciones definitivas, desde las profesionales hasta las amorosas o matrimoniales, se desplazan en el tiempo. La muchacha que, a los dieciocho-veinte años, sabía que, si se enamoraba habría debido casarse y luego traer hijos al mundo, el muchacho que sabía que habría debido trabajar y mantener una familia, hoy no deben decidir nada. Han aumentado, además, las ocasiones de encuentro, de elección, en la escuela, en las vacaciones, en internet y, por ende, todos pueden hacer muchas pruebas, muchas exploraciones agradables y no quiere decir en absoluto que luego quieran comprometerse o casarse.

Claro que la gente comienza a enamorarse, pero el proceso que va del estado naciente hasta la institución muy a menudo se interrumpe en las primeras fases.

Dos personas "se gustan", sienten una atracción repentina e intensa, que llaman "flechazo", se echan de inmediato el uno en los brazos del otro, tienen relaciones sexuales y tienen la impresión de que han realizado la fusión física y espiritual. Esta experiencia de erotismo extraordinario es a menudo confundida con el enamoramiento mientras que es sólo su posible inicio. El verdadero enamoramiento nace de un impulso vital obstaculizado, de una revuelta, y cuando se pone verdaderamente en movimiento produce una relectura de la propia vida y una reconstrucción de sí mismos y del mundo. En cambio, muy a menudo los dos jóvenes amantes, presa de su experiencia maravillosa, no quieren proyectar el futuro.

Luego hay algunos que ni siquiera quieren tener relaciones con su pasado, con la vida cotidiana. Lo que cuenta es el presente, el aquí y ahora, el resto es nada. El enamoramiento, que aún está en estado embrionario, les parece como un estado agradable del que aprovecharse, al que abandonarse sin pensamientos ni preguntas. No quieren pensar en el pasado, no ponen en movimiento el proceso de conocimiento mutuo tratando de entender el mundo con los ojos del otro. No inician el proceso de confrontación que permite abandonar las partes de sí incompatibles con el otro. No hacen nada para dar consistencia real al proceso de fusión. Cada uno, convencido de que es completamente nuevo, continúa siendo en realidad el de antes, y no usa su plasticidad, su capacidad de cambiar para adaptarse al otro, para tratar de construir juntos un proyecto de vida. Por eso ambos, después de un cierto período de tiempo, acabada la fase de ebriedad erótica descubren que entre ellos existen diferencias intolerables. Y puesto que no han hecho nada para resolverlas durante el estado naciente, cuando tenían una inmensa capacidad de comprender, se reprochan no ser como habían imaginado y se dejan llenos de amargura y de rencor. Luego van en busca de otra pareja con la que a menudo inician una relación y a veces una convivencia sin siquiera preguntarse si están verdaderamente enamorados. También la expresión que usan —«nos hemos juntado»— indica una relación de baja intensidad emocional, un "lazo débil". En la mejor de las hipótesis nos encontramos frente a un enamoramiento que podemos llamar *parcial* o *frenado*, en que los dos no se abandonan con entusiasmo al amor, no se desarrolla el proceso de fusión. De ello nace una pareja que está contenta de estar juntos, que siente placer sexual, pero que no vive un período de vida extraordinaria, no constituye una unidad solidaria capaz de afrontar los fastidios, los dolores y las fatigas que inevitablemente presenta la vida. Pero sobre todo una pareja frágil, en que los desacuerdos no son solucionados haciendo de la necesidad del otro el propio y auténtico límite, y que, por tanto, se lacera con facilidad.

Sólo el verdadero enamoramiento da a quien se ama una energía, una plasticidad, un entusiasmo, una resistencia a la fatiga y al dolor que le permite ser feliz incluso en medio de las más graves dificultades. El mito de "contigo pan y cebolla" en los primeros tiempos es verdad. Los dos enamorados son felices aunque tengan una casa miserable, poca comida o se vean obligados a fatigas tremendas.

El enamoramiento les da una energía extraordinaria que les permite hacer aquello que solos nunca habrían sido capaces de realizar. En cambio, la pareja formada por dos personas que no están verdaderamente enamoradas, que "se juntan" sólo porque se gustan o para hacer el amor o para no estar solos, estará de inmediato llena de decepciones, de lamentos y de añoranzas.

De aquí el continuo deseo de evadirse, hacer viajes, vacaciones, salir de la vida ordinaria. También la vida erótica en esta situación se vuelve rápidamente tediosa y repetitiva. Si los dos están casados, cumplen su "débito conyugal" más como descarga de tensión que como búsqueda de la ebriedad. Hasta que el placer es buscado fuera de la pareja. Tienen experiencias sexuales con otros *partners* en ocasión de viajes, congresos, vacaciones, o instauran relaciones eróticas ocasionales con colegas, vecinos o conocidos, pero aún más con personas a las que han tratado por internet o en orgías o fiestas con drogas. Algunos, para no destruir su relación, hecha de afecto y de confianza recíproca, se dedican al intercambio de parejas, es decir, se traicionan de manera consensuada y cada uno tiene el estremecimiento de una aventura con un hombre o una mujer desconocidos mientras su *partner* está haciendo el amor con un "rival" elegido por él mismo.

Cada vez más a menudo en Occidente varones y mujeres tienen encuentros sexuales sin enamoramiento, cambiando a menudo de pareja, o con varias parejas a la vez, y se difunde la que podemos llamar *amistad erótica*, en la que los dos están bien juntos, son amigos, y hacen el amor también porque sienten placer, pero sin celos ni exclusividad.[1] Naturalmente estas experiencias se vuelven imposibles si los dos se enamoran y, por eso, intentan evitarlo.

Escribe Ghezzani: «El encuentro ocasional está enteramente orientado a la exploración de lo posible, a la fascinación de la novedad, al placer como fin en sí mismo, abate el límite puesto por la obligación de tener relaciones sexuales entre personas que han contactado a través de otros conocidos o en un ambiente común, por tanto, dentro de un sistema de reglas. Es funcional al placer en la exacta medida en que excluye al máximo la intimidad afectiva y la personalización de la relación, por tanto, el nacimiento de una confidencia, una confianza, un afecto o un amor,

---

1. Jacques Attali (*Amori*, Fazi Editore, Roma, 2008) sostiene la tesis de que el enamoramiento exclusivo, monógamo, perderá cada vez más importancia respecto de estas redes abiertas de amistad erótica.

la construcción de un lazo que pueda contener o convertirse con el tiempo en institución».[2]

Y en no pocos casos, sobre todo después de algunas decepciones, el enamoramiento, la historización y la institución son vistos como potencial fuente de sufrimiento y de dolor, mientras la relación sexual ocasional no sólo es hermosa y fácil, sino también serena. Lo vemos con claridad en estas observaciones tomadas de mi blog sobre el amor:

Paoletta: Yo pienso que encontrarse para tener relaciones sexuales, y basta, es algo que te da una gran tranquilidad: si viene contigo, es porque está bien contigo. Te ha preferido a otras personas, ¿no? Es ya una elección que te permite decir: en la vida, he hallado a quien, entre todos los demás, para este encuentro me elige a mí. Y pienso también que te puede hacer daño ver que después de que habéis estado juntos se marcha, pero no es nada respecto del daño que te haría si viviera contigo, y se marchara. Entonces sí que te cortaría las piernas. Y es inútil decir que era el destino, que no te amaba bastante, que habéis sido felices. Tú estás mal, y basta. Entonces verse sólo para tener relaciones es un modo especial de verse, pero no se hace con todos. Te da un momento de placer, si quieres también de ensueño. Y luego estás segura de que se marcha. Aunque te quedes mal, hace menos daño que vivir juntos y ser abandonada. ¿Por qué no defenderse? ¿Quién te puede garantizar que la historia no te hará daño? Mejor así.

Daniele: Tengo 29 años y vivo en Milán. No siempre es fácil para alguien como yo que ha llegado aquí hace cuatro años conocer a personas. Y así no me avergüenzo de decir que me siento un poco como describe este psicólogo, alguien que tiene relaciones sólo sexuales, y no tiene lazos. Pero, debo decir, ¿por qué debería tener lazos con personas que apenas conozco? Cuando el sábado

---

2. Nicola Ghezzani, *Grammatica dell'amore*, cit.

o el fin de semana salgo con una mujer, hablamos, sí, pero sobre todo es un juego pensando en lo que haremos dentro de algunas horas, o dentro de pocos minutos. Ni siquiera estoy seguro de que todo lo que me cuentan sea verdad: ¿y por qué deberían? Pero yo estoy bien, me sentiría muy incómodo y preocupado si me empezaran a contar su vida de verdad, de los problemas con los bancos, de las cuentas que no cuadran, de los parientes que cuidar. Yo lo prefiero así, y también ellas. Nosotros somos sinceros siempre, porque no decimos nada. Y luego creo que también ellas lo prefieren así. ¿Qué debería hacer, según usted, qué debería decir? O mejor, ¿me pierdo algo? Dígamelo usted, porque yo creo que no.

Irma: Vivir como si el único contacto con un hombre fuese sólo el contacto sexual, una noche y adiós, te lleva a pensar que tu vida vale poco, que los momentos más importantes, más creativos, quizá los pasas sólo con las amigas. O quizá estás destinada a "pensarlos" para tus adentros. Yo pienso que esta forma de soledad a dos es un destino que parece presentarse a muchos de nosotros. Quizá no con el primer amor, donde aún eres una chiquilla, y donde piensas que empiezas algo que durará toda la vida. Pero luego, cuando una historia concluye, independientemente de quien la concluye, pero mucho más si la concluyes tú, entonces cuando empieza otra cosa eres prudente, y lo máximo que arriesgas es precisamente aquello que antes no se arriesgaba jamás. Una noche de sexo se puede dar, pero soltarse y creer, invertir los propios afectos, es mucho más arriesgado. Decir «te amo» y verse amada de manera reductiva respecto de lo que esperas es terrible. ¿Y usted sabe cuántos hombres te dicen y luego creen que te aman, y al mismo tiempo le dicen lo mismo a otras? Esto hace mucho daño, te lleva a no tener confianza en la vida, a encerrarte. En cambio, sexo por una tarde, luego pasa y te olvidas. Pero no te sientes rechazada o traicionada. Aún puedes vivir.

Monica (es más categórica): Si dos hacen el amor juntos, se gustan, el sexo es estimulante, dan ganas de volver a encontrarse,

¿qué hay de mejor en este mundo? ¿Por qué deben compartir todos sus pensamientos? ¿Por qué es obligatorio pensar en estar juntos? ¿Para dejarse? ¿Para romperse el alma fastidiando la intimidad del otro? Otra cosa es si yo tengo inseguridades económicas, si él tiene problemas económicos... Entonces él hará lo que sea y yo haré lo que sea para estar el mayor tiempo posible juntos, para comer juntos (dinero ahorrado). Esperando resolver el problema del alquiler y (el máximo sueño) del trabajo que no tienes. Pero si bien o mal los dos son incluso de modo fatigoso e incierto autónomos, ¿dónde está la infelicidad, dónde la monstruosidad?

En estas cartas, detrás de la elección del puro sexo está el rechazo explícito a la institución, al lazo, dado que es vinculante y fuente de sufrimiento. Nos encontramos, por eso, frente al hecho paradójico de que, después de haber puesto el enamoramiento en la base del matrimonio, no hemos conseguido hacerle generar un amor erótico intenso y duradero que sostenga la pareja y el matrimonio.

¿Por qué? Porque en los últimos cincuenta años en Occidente se ha producido una revolución que ha disuelto la sociedad orgánica donde la comunidad dominaba sobre el individuo y su voluntad. Estabas en el partido donde había estado tu padre, en la empresa donde él había trabajado, en la iglesia donde los domingos os encontrabais todos en la misa, en la familia con los abuelos, los bisabuelos, los tíos, los primos y, por último, en la familia conyugal. Ha prevalecido la sociedad que Lasch llama *narcisista*,[3] Bauman *líquida*[4] y Maffesoli *dionisíaca*,[5] en la que la colectividad orgánica,

---

3. Christopher Lasch, *La cultura del narcisismo*, Bompiani, Milán, 1981; *Rifugio in un mondo senza cuore*, Bompiani, Milán, 1982.

4. Zygmunt Bauman, *Modernità liquida*, Laterza, Roma-Bari, 2002; *Amore liquido*, Laterza, Roma-Bari, 2006.

5. Michel Maffesoli, *L'ombre de Dionysos*, Plon, París, 1982, trad. it., *L'ombra di Dioniso*, Garzanti, Milán, 1990; *Les temps des tribus*, Plon, París, 1988, trad. it., *Il tempo delle tribù. Il declino dell'individualismo nelle società postmoderne*, Guerini e Associati, Milán, 2004.

tradicional y obligatoria ya no prevalece sobre los distintos individuos. Y, por tanto, según estos autores, desaparecen todos los lazos fuertes con las empresas, con la política y también con las personas. Según ellos, todo se está disolviendo y se disolverá aún más en un polvo de individuos sin obligaciones ni frenos.

Yo no lo creo. No lo creo porque el estudio de la historia, como he demostrado en mis investigaciones sobre los movimientos colectivos, y en particular en el libro *Génesis*, revela cómo después de un período de disoluciones de los lazos sociales, se producen siempre movimientos colectivos que recomponen la solidaridad y generan nuevas instituciones. Una sociedad pulverizada o "líquida" no puede ser una salida, porque es altamente inestable.

Por eso limitémonos a constatar que en esta época histórica, en Occidente, los individuos han descubierto la propia libertad personal, el derecho de realizar sólo elecciones voluntarias rechazando lo que se les imponen desde el exterior. Pero los hombres y las mujeres de hoy son aún capaces de establecer lazos fuertes, de adquirir compromisos, de respetar la palabra dada a condición de que no se les imponga, que sea fruto de su libre voluntad. Lo vemos perfectamente en el amor donde hay amantes que viven desde hace años un gran amor apasionado pero no aceptarían que esa relación les fuera impuesta como obligación o deber.

Hemos entrado en la época de la libertad personal y debemos reconstruir toda la sociedad y la relación amorosa sobre esta nueva base. Por eso es importante la misión de este libro: estudiar cómo es posible hoy un gran amor que dure.

13
El significado universal
del enamoramiento

El papel del enamoramiento en la sociedad moderna y en el futuro ya no es romper de manera revolucionaria las relaciones consolidadas y crear una pareja institucional que dure toda la vida y asegure la supervivencia de la especie. No, la pareja no durará toda la vida, el individuo podrá tener varios enamoramientos, divorciarse y volverse a casar. Pero el enamoramiento continúa siendo siempre una experiencia central y crucial para el desarrollo de la personalidad individual que se forma sólo en relación a los otros. Escribe Ghezzani: «Durante milenios las relaciones entre personas han sido inestables y caducas: lo demuestran fenómenos plurimilenarios, por tanto, en cierto sentido "naturales", como el infanticidio, el abandono de niños a la caridad pública, la venta o el préstamo de los hijos, el repudio de las esposas, la indiferencia ante la debilidad, la enfermedad, la muerte de individuos del mismo grupo tribal o incluso de la misma familia. Sin embargo, la realidad irrefutable de estos lazos sociales tenues ha sido "corregida", quizá desde siempre, pero en los últimos siglos de manera evidente, por una creciente tendencia a dotar de *valor* nuestra vida personal y la de nuestros seres queridos. Esto ha ocurrido gracias al desarrollo de la capacidad de *individualizar* y *personalizar* sea nuestra existencia, sea la de las personas amadas. Individualizar (o personalizar) nuestra existencia significa dotarla de un valor y de un significado absolutos, convertirse en un individuo con un valor intrínseco, una persona dotada de *personalidad*, un ser humano único e insustituible. Hoy, aquí en el mundo occidental, pero poco a poco en todo el mundo, cada individuo quiere tener un valor, ser considerado único e inconfundible».[1]

Hay dos únicas situaciones en que el individuo tiene la posibilidad de vivir esta experiencia: cuando se convierte en padre, porque se vuelve único e indispensable a los ojos de sus hijos, y en el enamoramiento, cuando se convierte en el ser más precioso y deseable del mundo para la persona más preciosa y deseable del mundo. Y esto sin mérito, por pura gracia. Somos amados sin merecerlo por una persona que está dispuesta a sacrificarse por nosotros y nosotros —he aquí el hecho aún más sorprendente, increíble— experimentamos el mismo sentimiento hacia ella. Es decir, Ghezzani sostiene que, a través del enamoramiento, tenemos la experiencia fundamental que en el mundo es posible una relación entre seres humanos que no esté fundada en el poder y el dominio, sino en la bondad y en la libertad. En la historia, escribe, el superior siempre ha tenido entre sus manos el destino del inferior, siempre ha habido un amo y un esclavo, y la vida ha sido una continua lucha por la supremacía. Esta situación de condena (el pecado original) sólo cesa en el caso del amor, donde, en cambio, nadie puede querer el dominio sobre el otro, sino sólo su libertad y su felicidad, así como el otro las quiere para él.

Es el tema discutido por Sartre en *El ser y la nada*, donde niega la posibilidad del amor. En efecto, él parte de cuanto escribe Hegel en La fenomenología del espíritu sobre la lucha por el reconocimiento. Yo no tengo valor, no soy nada si no soy reconoci-

---

1. Nicola Ghezzani, *Grammatica dell'amore*, cit.

do por los otros y lucho para obtener el reconocimiento de ser superior a ellos. Sartre escribe: «Es el otro quien me valora, quien me juzga, quien me confiere o me quita valor. De este modo, el otro me subyuga y yo, para liberarme, intento subyugarlo a él. Sólo en el amor —dice— parece que es posible sustraerse a esta necesidad de conflicto». En efecto, en el amor, yo no deseo someter al otro. Quiero ser estimado, amado y adorado, es decir, reconocido. «El amante no quiere subordinar al ser amado, no quiere poseer un autómata [...] quiere poseer una libertad como libertad. El amante quiere ser "todo el mundo" para el amado [...] quiere ser el objeto en el cual encuentra su ser y su razón de ser: el objeto límite de la trascendencia, aquél hacia el cual la trascendencia del otro trasciende todos los objetos pero que él no puede de ningún modo trascender [...] no quiere actuar en la libertad del otro, sino ser *a priori* como el límite objetivo de esta libertad, es decir, ser dado simultáneamente a ella y en su mismo surgimiento, como el límite que ella debe aceptar para ser libre».[2]

Pero, en el análisis de Sartre, el enamoramiento comienza con un individuo que aún no es correspondido. Entonces debe preguntarse: ¿cómo se pasa de uno a dos, de la adoración de uno a la adoración mutua? En este punto, Sartre hace una afirmación crucial que determina el desarrollo de todo su pensamiento: «El amado no puede querer circunscribir espontáneamente su libertad. ¿Por qué debo perderme en otro?». Amar es inmediatamente sentido y descrito como Sartre como perderse, convertirse en esclavo, tomar al otro como el propio y absoluto dueño. Planteado de este modo el problema, Sartre se ve obligado a hacer actuar al amante. «Por eso el amante debe seducir al amado [...] Con la seducción trato de constituirme como un ser pleno y hacerme

---

2. Jean-Paul Sartre, *L'essere e il nulla*, A. Mondadori, Milán, 1958, pág. 447.

reconocer como tal [...] me propongo como insuperable». De este modo, procuro anular la libertad de mi amado olvidando que ésta es la condición del amor que busco. En efecto, nadie puede amar a quien no es libre de rechazarte. De aquí su desconsolada conclusión: «El amor es un esfuerzo contradictorio para superar la negación, de hecho cada uno está alienado sólo en cuanto exige la alienación del otro».[3] ¡Pues, no! ¡No en absoluto! Éste no es el proceso de enamoramiento. Cuando estoy enamorado y aún no estoy seguro de ser correspondido, no puedo desear y ni siquiera pensar en ser el amo y el dios del amado. Es decir, de «ser aquél cuya función es hacer existir los árboles y el agua, las ciudades y los campos y los otros hombres para luego dárselos al otro». ¡No! ¡No! ¡Éste es un atributo sólo del amado, éste es un poder sólo del amado, no del amante!

El enamoramiento y el amor constituyen la salida del mundo del dominio y de la violencia, la restauración del estado paradisíaco originario, aquél que el niño ha vivido con la madre, pero que ahora es vivido con toda la plenitud de su significado revolucionario y como acto libre. Por eso representa la revolución esencial, el modelo prototípico de la revolución que anula el mal.

Escribe Ghezzani: «Sin duda, el amor se desarrolla dentro de la estructura social y sufre siempre sus condiciones. No obstante, es igualmente cierto que éste realiza todo su *pathos* precisamente en la negación de la realidad social, sustrayendo a los dos amantes

---

3. *Ibidem*, cit., pág. 456.

del arbitrio y la violencia de las relaciones sociales. El amor crece en intensidad en la misma medida que su capacidad de negar la común alienación, de percibir al amado y a sí mismo en la propia y más íntima autenticidad creando un mundo aparte: un mundo renovado en el cual cada uno pueda ser reconocido en sus mejores potencialidades. El enamorado echa por tierra precisamente el axioma de la vida alienada, según el cual las relaciones humanas son movidas sólo por el deseo de poseer, controlar, subyugar y dominar. Precisamente en cuanto ama, el enamorado no consigue dominar, porque dominar querría decir obligar, por tanto, perder la garantía de que el amado es inocente por su voluntad. El enamorado podría ser el esclavo de la persona amada, tanto la necesita y la desea; sin embargo, también esto le resulta imposible. Puesto que amar significa identificar en el otro la dignidad para ser amado, su pureza y su inocencia, él ama en su amado la renuncia al dominio y aún más su imposibilidad de dominar, porque la voluntad de dominio no es nunca amable. Si el amado buscara dominarlo lo perdería para siempre. El enamorado ama la inocencia de su amado, la misma que el amado busca en él, ¿y qué es la inocencia si no el rechazo del dominio? En el amor busco la bondad hacia la cual tiendo para liberarme de la maldad en que me ha arrojado el sufrimiento, y dado que la advierto en la persona amada la reconozco también en mí. En el amor verdadero yo amo precisamente a esa persona porque su inocencia es extraña a las vicisitudes sociales y a su brutalidad, me "recuerda" la pureza de los orígenes, me sugiere la perfección que el alma humana aún puede ambicionar».[4]

He descrito esta fuga de la condición de dominio, prisión y alienación en la *experiencia fundamental* del *estado naciente* de los

---

4. Nicola Ghezzani, *Grammatica dell'amore*, cit.

movimientos. Pero Ghezzani ha tenido el mérito de demostrar la incompatibilidad del amor erótico que dura (el amor total) con cualquier deseo de coerción y dominio, y, por tanto, la efectiva realización histórica (no la utopía, el sueño) de lo que en las religiones y en los mitos es indicado como "el tiempo divino de los orígenes", "el paraíso terrenal" o "el reino de Dios", donde el hombre, ya no prisionero de las leyes y de las coerciones, sino totalmente libre y feliz, habla con los animales y vive con los dioses. En efecto, el erotismo del amor total carece de cualquier freno, límite o culpa, es inocente, sólo busca la felicidad y puesto que quiere, por su naturaleza, lo que quiere el otro, se la da.

El ser humano no sería plenamente él mismo si no sintiera esta experiencia fundante. Porque está en la base de la certeza de la bondad del mundo, del propio ser y de la esperanza. Ésta es la razón por la cual en todas las sociedades y en todas las culturas siempre ha existido el enamoramiento y la razón por la cual continuará existiendo también en la nuestra. Y dado que esta experiencia puede durar largamente en el amor total, los seres humanos seguirán buscándolo.

Pero antes de concluir este capítulo debemos hacer una precisión. Nosotros podemos querer a una persona, hacer el amor con ella, tener hijos sin haber estado nunca enamorados. Es un fenómeno bastante frecuente: muchas personas confunden la atracción, el estar bien juntos y el acuerdo sexual con el enamoramiento. Pero si es así, alguien puede preguntarme ¿por qué dar tanta importancia al enamoramiento, por qué decir que es esencial? Para responder presentaré el caso de un hombre al que llamaré S.

Cuando tenía veinte años se enamoró de una compañera de universidad que, no obstante, ya estaba enamorada de alguien mayor que él. S. carecía por completo de experiencia, aquél era verdaderamente su primer amor, por mucho tiempo ni siquiera había entendido que estaba enamorado. La muchacha obviamente se había dado cuenta, le gustaba mucho este compañero gentil e inteligente y, no queriéndolo humillar, hizo de modo de no estar nunca a solas con él, de no tener que decirle «amo a otro». Para S. fue un dolor atroz, pensó en el suicidio, luego poco a poco empezó a cortejar a otras muchachas, hizo el amor con ellas y, al final, se comprometió con una compañera de curso amable, alegre y simpática, que le daba una gran sensación de seguridad. La quería, construyeron juntos su casa, ella lo adoraba, sexualmente estaba totalmente satisfecha, tuvieron hijos, tuvo éxito, se puede decir que eran felices. Pero en él albergaba una oscura inquietud, sabía que no estaba enamorado de su mujer, estaba muy bien con ella pero nunca había sentido esa sacudida del alma que había experimentado con su primer e infeliz amor. Y la conciencia de no haber estado nunca enamorado de su mujer, aunque la quería, se sentía correspondido, la estimaba, nunca le había hecho desear decir: «Sólo tú y para siempre, hasta la muerte». Comenzó a frecuentar prostitutas por las que se sentía muy atraído, con las que se hallaba bien, luego tuvo otras mujeres hasta que, un día, se enamoró de una mujer joven y sólo entonces encontró lo que había perdido. ¿Qué le faltaba a este hombre? ¿Por qué no se conformaba con el amor y el sexo, que tenía en abundancia? ¿El simple recuerdo de otra mujer? No, le faltaba la experiencia de tener en una sola mujer todo lo que podía desear, el desenfreno, la libertad, el exceso, lo nuevo, el futuro y lo absoluto, algo que sólo te da el enamoramiento. Era como el seguidor de una religión que había siempre respetado las prácticas rituales pero nunca había tenido la experiencia perturbadora de la revelación, el éxtasis místico, nunca había vivido el tiempo divino de los orígenes que, según Mircea Eliade,[5] es el corazón mismo de la experiencia religiosa y a la que cada rito, cada culto tiende a regresar. En la época divina, cuando el mundo era joven, los hombres vivían junto a los dioses y cada cosa era perfecta, cada ser feliz.

Si nunca has tenido, ni siquiera una vez, esta experiencia de satisfacción total y absoluta, tienes la impresión de no vivir completamente tu vida ni siquiera hoy. Es para encontrar este "plus" que te falta que corres en busca de experiencias eróticas con otras personas siempre diversas, pero ellas no te darán nunca la plenitud y la totalidad que buscabas.

5. Mircea Eliade, *La nostalgia delle origini*, en *Trattato di storia delle religioni*, cit.

14
El problema del lenguaje erótico

Para continuar, en este punto, debemos hacer otra profundización histórica no en el enamoramiento, sino en el erotismo y el lenguaje erótico. Porque la relación de amor es una relación erótica y el erotismo ha tenido elaboraciones diversísimas en las distintas culturas. Volvamos a la diferencia que hemos encontrado entre Oriente y Occidente a propósito de la sexualidad y del amor. Tanto en China como en India no existe la figura del enamoramiento con su pasión a un tiempo espiritual y erótica, pero hay una riquísima literatura erótica y erótico-amorosa. En Occidente, en cambio, ya en el siglo v a.C., Platón se pregunta qué es el amor del enamoramiento y, en todos sus diálogos, nunca es confundido con la sexualidad. En el panteón greco-romano hay una diosa del amor, Afrodita-Venus, pero entre los dioses la sexualidad se presenta siempre como adulterio, porque la sociedad era estructuralmente monógama. Zeus-Júpiter se empareja con muchas mujeres mortales, pero lo hace huyendo de los celos de su mujer, Hera-Juno. También las diosas pueden enamorarse de los hombres, como hace Venus con Anquises (el padre de Eneas) y Tetis con Peleo (el padre de Aquiles) o tener aventuras puramente sexuales como Venus con Marte en la *Odisea*. Por eso, el amor erótico es parte integrante y natural de la vida, no debe ser eliminado o condenado, e incluso en su forma orgiástica asume dimensión religiosa en los cultos de Dionisio. Todo cambia con el cristianismo, en que el erotismo es totalmente desterrado no sólo de la experiencia propiamente religiosa, sino de la vida social, del comportamiento cotidiano de los hombres y de las mujeres e incluso del matrimonio. En su lugar se exalta la castidad, el cuerpo desnudo es condenado y el acto sexual es admitido sólo en cuanto orientado a la procreación y haciendo de modo que dé el menor placer posible. El resultado es una monogamia frígida, que luego, de hecho, es interrumpida por el adulterio y, ocasionalmente, por la promiscuidad caótica de la orgía. Pero ya no es la orgía sagrada de Dionisio, es la disipación. La sexualidad, condenada religiosamente, fue acercada cada vez más al mundo excrementicio, despreciable. Los genitales se convierten en "vergonzosos", en la medicina se convierten en las "partes pudendas", aquello de lo que se debe tener pudor. Y esta concepción se ha difundido en el mundo laico profano, incluso anticristiano. Lo demuestra la concepción del erotismo de Georges Bataille, el autor más leído en Occidente. Según Bataille el erotismo es transgresión y culpa, infracción del tabú, reaparición de lo animal en lo humano, degradación, envilecimiento de la mujer y de su belleza. Recordemos sus palabras: «Un hombre, una mujer son normalmente juzgados bellos en la medida en que sus formas se apartan de la animalidad. El valor erótico de las formas femeninas está ligado [...] a la desaparición de esa pesadez natural que recuerda el empleo material de los miembros y la necesidad de una osamenta: cuanto más etéreas son las formas mejor responden a la imagen de la mujer deseable, [pero] ella es deseada con el fin de corromperla. No [es deseada] en sí y por sí, sino por la alegría saboreada en la certeza de profanarla. La belleza de la mujer deseable presagia sus partes vergonzosas: o sea, sus partes pilosas, sus partes animales...».

El erotismo, en su esencia, «es profanar ese rostro, su belleza [...] poniendo al desnudo las partes secretas de una mujer, luego introduciendo en ellas el miembro viril. Nadie duda de la obscenidad del acto sexual».[1]

En el libro *Sexo y amor* he demostrado con claridad el efecto de esta concepción: cuando hablamos de sexo usamos un lenguaje vulgar, despreciativo y violento, que es, además, el de la prostitución y de la pornografía.[2] Cuando hablamos de amor el lenguaje se desexualiza y se vuelve sublime y poético. Pero incluso en el enamoramiento más sublime, los amantes en su relación sexual usan metáforas inventadas por ellos mismos, o recurren a las palabras vulgares. En resumen, en Occidente falta un lenguaje erótico con metáforas delicadas como las usadas en numerosos libros chinos en que el pene es indicado con expresiones como *Tallo de Jade, Tallo de Coral* o *Columna del Dragón Celeste.* Para los órganos sexuales femeninos hay metáforas como *Puerta de Carmín,* Cáliz de la *Flor, Flor de Peonía, Loto Dorado, Ánfora Acogedora,* etc.[3]

No es imaginable en Occidente que un maestro espiritual pueda dar consejos como hace este sabio taoísta cuando dice: «El Tallo de Jade [el pene] debería acariciar con dulzura la preciosa entrada de la Puerta de Carmín, mientras el hombre besa a la mujer amorosamente, sus ojos se detienen en su cuerpo y contemplan el Loto Dorado [la vulva]. Él debería luego rozarle el vientre y el pecho y acariciar

1. Georges Bataille, *L'erotismo*, Sugar, Milán, 1967, pág. 152.
2. Francesco Alberoni, *Sesso e amore*, cit.
3. Una primera idea de este lenguaje se puede obtener en el libro de Li Yu, *Il tappeto da preghiera di carne*, cit., págs. 41-44.

su Terraza Preciosa [el clítoris]. [Luego] mover su Seguro Pico
(el pene en erección) [hacia las] Venas de Jade
[los pequeños labios]».

En nuestra tradición nadie se ha planteado nunca el problema de estudiar, de analizar y de aprender a intensificar el placer sexual. No es así en el otro gran país asiático, la India, donde ha surgido un clásico como el *Kamasutra*,[4] en el que se estudian y describen las acciones y hasta las posiciones que permiten una sorprendente variedad de experiencias eróticas. Ahora bien, incluso sólo mirando las posiciones conocidas por todos uno se da inmediatamente cuenta de que, mientras en Occidente el placer es confiado exclusivamente al orgasmo (que en la praxis cotidiana se enseñaba a alcanzar en la oscuridad), aquí el placer es confiado a la mímica, a las miradas, a las posiciones y a las relaciones entre los cuerpos, a su tensión, a la visión que los amantes tienen el uno del otro, de sus reacciones recíprocas, de su relación, de su disfrute y de sus sentimientos. Es un placer complejo donde los dos amantes son también actores de una danza, de una coreografía. Este erotismo es el producto de una sabiduría buscada y enriquecida en el curso de los siglos.

Este lenguaje no existe en Occidente. El sociólogo Murray Davis[5] ha puesto en evidencia en su libro *Smut* que en nuestra civilización hay en realidad tres lenguajes eróticos. El primero es el *médico*, con sus términos asépticos: «órganos sexuales, pene, vagina, coito, etc.». En el lenguaje *respetable,* no se usan todas estas palabras, algunas son censuradas, sustituidas por metáforas o alusiones. Está, por último el lenguaje *vulgar*, al que se refiere

---

4. Véase *Kama Sutra*, Edizioni Red, Milán, 2004.
5. Murray Davis, *Smut*, University of Chicago Press, Chicago, 1983.

Bataille, que es despreciativo, violento, inadaptado, propio de la pornografía o del insulto y es este lenguaje vulgar el que es cada vez más usado en el lenguaje corriente. El resultado es que, de este modo, en Occidente no tenemos un lenguaje adecuado para expresar las experiencias, las emociones propias del gran amor apasionado, del gran amor total en que el erotismo alcanza su máxima intensidad. Por eso los amantes inventan sus metáforas personales o usan afectuosamente las expresiones vulgares, pero siempre de manera reservada, escondida.

15
La melodía cinética

Nadie en Occidente ha pensado nunca en estudiar sistemáticamente las experiencias eróticas. Si queremos tener una idea de qué se debería hacer debemos ir a un campo aparentemente muy diverso, que en cambio ha sido muy estudiado, la relación madre-niño. También en este caso nos dejamos guiar por Ghezzani, que escribe: «El diálogo entre la figura nutriente y el niño pequeño no acaba nunca de ser indagada en toda su sorprendente riqueza. Sabemos que entre madre e hijo se produce una sofisticada danza mímica: los ojos de los dos "bailarines-amantes" se cruzan y se entrelazan continuamente, se clavan los unos en los otros y recorren en un circuito continuo precisos puntos de referencia e identificación: los ojos, la nariz, la boca, las mejillas, el triángulo del rostro y la redondez de la cara, la luz de la frente y la sombra del pelo, a una distancia perfecta que permite su focalización e intimidad. Al mismo tiempo, se produce una danza táctil: las manos del niño se agarran a los mechones de pelo de su madre, o bien una, si puede, llega a rozar en el rostro materno la boca, la nariz o los ojos, mientras la madre, a su vez, aferra un dedito del pequeño entre sus labios o se introduce con la cara en el pecho del pequeño con sonidos de placer para estimularlo y hacerlo reír. Pero se produce también una melodía sonora, hecha de gritos, gorgoteos o carcajadas, coordinados entre sí y entrelazados con gestos de manera tal que los dos amantes pueden transmitirse confianza y placer. Desde no hace mucho tiempo sabemos que madre y niño entrecruzan entre sí una música hecha de cantos y sonidos que componen armonías recursivas. Según estudios recientes, las madres y los niños de todo el mundo entonan las mismas melodías: por tanto, estas son una memoria motora, una guía musical para esa danza de dos que es su primera comunicación visible; una forma dialógica que se desarrolla en secuencias temporales y que no comunica "nociones", sino valores emocionales: la confianza, la belleza, la unión y la armonía».[1]

Y he aquí ahora el pasaje crucial. Continúa Ghezzani: «Como el niño, también el adulto puede vivir esta danza, esta melodía cinética —como la llamaba el neurólogo Aleksandr Lurija—, en muchas y diversas relaciones».

Exacto. Es esto lo que no ha sido estudiado en las relaciones amorosas entre adultos y, en particular, en las relaciones eróticas. No sólo con los métodos experimentales en los que la presencia del observador alteraría el fenómeno, sino ni siquiera pidiendo la colaboración de los amantes que describen su experiencia. Pero el relato cuidadoso, la fenomenología de esta experiencia erótico-amorosa feliz falta incluso en la literatura. Y, por las razones que ya hemos expuesto en el capítulo anterior, no existe un léxico erótico que no sea médico, alusivo o vulgar. Por tanto, nuestras lenguas no nos dan los instrumentos para transmitir esa síntesis de sexo y amor, de carnal y sublime, de terrenal y divino que caracteriza el amor erótico y sus encuentros. Hasta el punto de que para indicarlo usamos la combinación de imagen, música y palabras como en el cine. Pero es un hecho que falta el léxico y, por ende, hay un vacío lingüístico que es científico y cultural. Un vacío que indica una carencia de la civilización occidental del que

---

1. Nicola Ghezzani, *Grammatica dell'amore*, cit., pág. 282.

yo me he dado dramáticamente cuenta estudiando de manera sistemática la relación entre sexo y amor, y que encuentro un obstáculo insuperable ahora que me dispongo a estudiar el gran amor erótico que dura, el amor total, sobre el que la sociedad está muda. Estoy convencido de que en el enamoramiento, y en el amor total que constituye su continuación, toda la vida de los amantes se convierte en una melodía cinética análoga a aquélla de la madre y el hijo.

Tenían razón Freud y los psicoanalistas al ver en el estado de la pasión amorosa, en los abrazos lánguidos de los amantes y en sus infinitos juegos eróticos algo que recuerda la intimidad psicofísica incestuosa de la madre con el hijo que se acaba de desprender de su cuerpo. Esta misma danza erótica se repite entre los cuerpos de los amantes que se buscan, se reconocen y se completan como si fueran dos partes separadas que tienen absoluta necesidad la una de la otra. Pero los psicoanalistas se han equivocado al pensar que es una regresión. No, no es una regresión, es una recuperación y un enriquecimiento, es la extraordinaria capacidad de realizar, también en la vida adulta con el propio amado una melodía cinética *de los cuerpos y de los espíritus análoga a aquélla que cada uno ha experimentado de niño con su madre.*

Pero en el adulto esta melodía cinética se ha convertido en un proceso de una increíble complejidad porque, mientras en la relación madre-niño actúan pocos elementos y respuestas instintivas elementales, en el adulto entran en juego la inteligencia, la voluntad y la historia pasada de los individuos, sus culturas de pertenencia, las escenografías, las costumbres y los arquetipos del amor y del erotismo como han sido elaborados en la poesía, en la música, en la filosofía y en el arte en el curso de los milenios. Una melodía cinética que ya no es sólo naturaleza, sino arte, pensamiento, cultura y civilización.

Y hay una dificultad para su estudio. Que mientras la relación madre-hijo es considerada natural, ingenua, pura e inmaculada, cuando, en cambio, están implicados el sexo y el erotismo, cuando las manos que acarician, los rostros que se hunden, cuando los grititos ya no son de la mujer y de su hijo, a falta de palabras para nombrarlo, aparece de inmediato el sexo en su grosería. Y así continúa siendo incluso en presencia del amor más sublime, más desinteresado y más noble, y lo contamina, lo ensucia, lo vuelve violento, lo estropea, lo deforma y lo transforma en pornografía. Por lo que para hablar de un gran amor, puro y absoluto, debes desexualizarlo, revestirlo, como ha hecho Tiziano en *El amor sagrado y el amor profano*, y transformarlo en un casto beso.

El único modo en que el mundo moderno ha conseguido comunicar la experiencia erótico-amorosa es el cine, porque ha yuxtapuesto los tres lenguajes. El fotográfico del cuerpo desnudo que abraza el otro cuerpo desnudo en el acto de penetrarlo, el lenguaje amoroso poético sublime y, por último, la música con que se expresan sentimientos delicados y elevados. Pero el puro lenguaje verbal no ha hecho ningún progreso, continúa siendo aquél fijado por dos mil años de represión.

16
El gran amor erótico

En el gran amor erótico entre los amantes se crean relaciones que tienen la misma intensidad que aquélla del niño con la madre. Los rostros de los dos amantes se buscan, expresan todas las variaciones del deseo, la ternura y el afecto, y responden a todas aquéllas del amado. Pero no son sólo los rostros los que hablan, hablan y dialogan continuamente también sus cuerpos cercanos o lejanos, cuando se encuentran en la misma habitación e incluso cuando caminan por la calle. Ellos se declaran continuamente su amor, sus incertezas, su necesidad del otro, su ternura, su deseo, se buscan, se alejan, se llaman, se ofrecen, se estrechan y se abrazan.

Un razonamiento particular requiere luego el que de manera sintética y tosca indicamos como "acto sexual", pero que, en realidad, en el gran amor erótico es siempre una salida del mundo, una danza dionisíaca de larga duración. Nosotros con la expresión "acto sexual" nos referimos fundamentalmente al coito, pero el coito es sólo un momento de la *fusión sexual-amorosa* que se realiza en el gran amor erótico. En el lenguaje y en la praxis comunes se distingue entre los "preliminares", que serían los besos y caricias que preceden al acto sexual, y la penetración propiamente dicha. De hecho estos preliminares son los actos que permiten que la mujer se excite y, por tanto, desee la penetración y tenga un orgasmo. La misma palabra "preliminares" indica que el verdadero acto sexual es el siguiente.

Esta distinción carece de sentido en el gran amor erótico, que no es un acto, aunque repetido, sino una experiencia psicofísica compleja y prolongada que se desarrolla en un espacio de tiempo separado de la vida ordinaria y profana. Esta experiencia musicalmente podría ser comparada con una sinfonía, con un dúo lírico o una danza dionisíaca en que los dos bailarines entran en un mundo de experiencias extraordinarias que puede durar incluso horas. De costumbre, los amantes eligen un lugar resguardado de las miradas ajenas para estar los dos solos, en una total intimidad y en total libertad. Luego, se dedican sólo a decirse que se aman y a darse placer con las palabras y con el cuerpo, creando y recreando continuamente nuevas coreografías espontáneas en que se abrazan, se besan, se estrechan, se acarician, se lamen, rozan sus cuerpos, se penetran, escuchan sus sensaciones internas, sus olores, se exploran, se buscan, se hablan, se duermen, se despiertan, se unen permaneciendo largamente el uno al lado del otro como formando un único cuerpo vibrante, y expresan su felicidad, el placer de su amor con palabras, gritos, susurros, murmullos y besos. También aquí, como en la relación madre-hijo pequeño, hay una musicalidad común a todos los seres humanos.

El gran amor erótico se caracteriza también por otras experiencias típicas. La segunda es la de la *belleza*.

Cada uno descubre cada vez en el otro —en el rostro, en el cuerpo del otro, en todas las partes de su cuerpo— una belleza sublime, desgarradora, no parangonable con ninguna cosa nunca vista hasta aquel momento. En el gran amor erótico que dura años hay naturalmente momentos en que cada uno ve también las imperfecciones o los límites de la persona amada, pero cada vez hay un instante en que vuelve a verla con los ojos

*encandilados del enamoramiento, como la persona más
increíblemente bella, más deseable del mundo, no comparable
con ninguna otra, la sola, la única que siempre ha buscado,
la que aplaca totalmente cualquiera de sus deseos.*

En *Los diálogos de los amantes*, Rogan habla a Saky del placer de
la vista: «Ah, Saky, ¡si supieras qué es el placer de la vista! Tú
permaneces acostada sobre la cama, desnuda, y yo te miro encantado. A menudo me pongo a tus pies apoyado en los cojines
y miro tus muslos redondos, luego la flor que me emborracha
por su belleza, y remonto tu barriga, tus pechos redondos, tus
axilas, tus hombros y tu rostro un poco plegado y sonriente.
Ahora te distiendes, tus bellos brazos se levantan, veo tus axilas
torneadas, tu cabeza se echa hacia atrás y me muestra la gargan-
ta cándida. Tu boca ahora está entreabierta, sonríe y, lentamente, lentísimamente te aflojas. Tu rostro, tu sonrisa, tu cuello, tus
hombros, tus axilas y tu pecho constituyen entonces un cuadro
estupendo al que he dado el título de *bellísima mujer rubia que
disfruta de su felicidad*».[1]

La historia de la pintura después del 1500 está llena de cua-
dros de bellísimas mujeres desnudas pintadas por sus amantes.
Y su serena relajación, la suavidad lánguida de sus cuerpos desnudos, da la impresión de que el pintor las haya pintado siempre
cuando estaban sexualmente satisfechas.

En la vida real, entre personas ya no jovencísimas esta experiencia de belleza se acompaña de una intensa impresión de *reju-
venecimiento*. Para dar una idea reproduzco un documento que
me dejó un amigo al que había pedido que describiera su expe-

---

1. Francesco Alberoni, *I dialoghi degli amanti*, cit., pág. 245.

riencia amorosa en mi blog: «Haciendo el amor yo la miro fascinado por todos sus movimientos, por todos los estremecimientos de su cuerpo y soy cada vez impactado por la transformación de su rostro que se vuelve joven como si volviera a tener dieciocho años: el rostro de una adolescente dichosa. Y tengo la impresión de que aquello que estrecho, el seno que beso, es el de mi primer amor, un primer amor que nunca tuve. Luego llega un momento en que, felices y en paz, permanecemos juntos mirándonos y hablándonos, a menudo sentados de frente, acaso bebiendo algo y entonces noto que su pecho se ha vuelto claramente más turgente, su rostro se ha transformado en increíblemente joven, sus ojos se han vuelto dulcísimos y los tiene bajos, con el rostro un poco inclinado y el pelo que le desciende sobre el rostro. Una actitud de reserva y de pudor que no tiene habitualmente y que debe de haber tenido mucho tiempo antes, quizá de adolescente cuando se ha enamorado. Le pregunté qué pensaba y ella me dijo que en ese momento vive dentro de sí, silenciosamente, de las emociones intensísimas que no se pueden expresar. Para mí ha vuelto a ser una muchacha jovencísima que ha hecho el amor por primera vez con el hombre que ama y siente embarazo y pudor, sorpresa por lo que está viviendo».

Esta experiencia puede ser explicada teniendo presente que los dos amantes, en el proceso de historización, se cuentan los detalles de su vida, reviven su pasado y retienen las partes positivas, aquéllas que se combinan, se adaptan con su nuevo amor, mientras que olvidan y dejan empalidecer las otras. Por eso tienen intensas experiencias de regresión, pero las viven como si ocurrieran por primera vez. Así, viven con su nuevo amor todo aquello que han vivido, transfigurándolo. He aquí por qué su rostro, su mirada, su sonrisa, su timidez, su alegría y sus palpitaciones a veces son hoy exactamente como fueron otras veces en su vida de niños, de adolescentes, de jóvenes, y, sin embargo, siempre increíblemente nuevos. En el gran amor erótico la persona enamorada está presente ante su amado en toda su integridad.

La cuarta experiencia típica concierne al placer. *En el gran amor erótico, los dos amantes, cada vez que se encuentran, experimentan un placer que sienten siempre* superior a cualquier placer experimentado antes *incluso entre sí, en todos los encuentros anteriores. Cada vez es lo indecible, lo máximo y lo insuperable.*[2]

Y debo recordar que no me refiero al placer más o menos prolongado del orgasmo, sino a una experiencia que dura en el tiempo porque los dos amantes se dan placer con la vista, con la cercanía, con el contacto de las manos, con la boca, con la piel y con todas las partes del cuerpo, y pueden hacerlo por un tiempo increíblemente largo. El coito apresurado, o la sucesión de coitos apresurados seguidos de orgasmos, son el producto de la represión sexual de Occidente. Pero en la *fusión sexual amorosa* de la que hemos hablado, los dos enamorados tienen cada vez la impresión de que sus cuerpos y sus espíritus se funden alcanzando una felicidad

---

2. Es raro en la literatura y aún en la casuística clínica tener una descripción o un análisis de este placer absoluto. Los amantes se lo dicen entre sí porque saben que el otro lo entiende aunque la palabra sea inadecuada. Se la encuentra sólo en la mística, porque el místico siente la necesidad de decir y escribir su extraordinaria experiencia estática en cuanto testimonio de la infinita potencia divina. Aquí reproduzco dos frases del místico flamenco Ruysbroeck tomadas de Fragmentos de un discurso amoroso, de Barthes, ya varias veces citado: «Coged todas las voluptuosidades de la tierra, fundidlas en una sola y, luego, precipitadla toda sobre un solo hombre; pues bien, todo esto es nada en comparación con el goce del que hablo», y luego: «Tengo al fin modo de conocer ese estado en que el goce supera las posibilidades que el deseo había hecho entrever».

que no creían posible. Como dice este *post* de mi blog: «De verdad que he alcanzado lo máximo que podía desear. Tú me has dado todo lo que siempre he deseado en el curso de la vida, las cosas que nunca he podido experimentar. Nunca he deseado estar siempre junto a una mujer, mirarla, acariciarla, ser acariciado, hablar con ella y experimentar el placer que no conocía. Un placer que, después de muchos años, en cada nuevo encuentro se ha vuelto cada vez más intenso, siempre distinto, siempre nuevo, inesperado, cada vez una experiencia sorprendente que nunca habría considerado posible. Algo que ha florecido, brotado del encuentro misterioso de nuestras mentes y de nuestros cuerpos. Tú dices que son nuestros cuerpos que se gustan. Es verdad, son ellos los que se gustan, pero yo siento necesidad de dar voz, de dar nombres y sonidos a su gustarse. Yo hablo de ti, de tu cuerpo, hablo de nosotros, recuerdo tus experiencias y las mías. De verdad, amor, no creo que experimentáramos lo que experimentamos si yo no lo transformara continuamente en palabras. Y también tú lo has hecho en los años pasados, muchas cosas las has dicho tú.

Los nuestros no son simples encuentros y no son un simple hacer el amor, sino una inmersión en el amor, un conceder a nuestros cuerpos disfrutar el uno del otro hasta el extremo abandono, hasta emborracharse en los goces, sí, goces en plural porque son muchos y nuevos, imprevisibles y sorprendentes. Y unidos al placer de estar juntos, de hablar, de trabajar, de mirar y de recomenzar. Es esta completitud la que me hace decir que "no deseo nada más que lo que tengo". Parece imposible, parece una de esas frases que no se pueden decir. Y sin embargo es cierto, yo no deseo nada más que lo que tengo».

¿Pero cómo es posible la repetición continua de un encuentro erótico amoroso siempre al máximo de su intensidad? En este tipo de amor los dos amantes se desean siempre y, por eso, su erotismo es como si estuviera siempre presente, listo para estallar. Entonces, en cada encuentro, ellos se *abandonan sin frenos* a su deseo. Esto depende del hecho de que la sexualidad y el placer erótico muy a menudo son frenados o inhibidos por tabúes, miedos y experiencias traumáticas, por errores producidos por las inhibiciones religiosas, por traumas infantiles, por experiencias tenidas en el período de la iniciación sexual y en los primeros amores. El psicoanalista Wilhelm Stekel en su libro *La mujer frígida* ha demostrado que con mucha frecuencia la incapacidad de la mujer de tener un orgasmo depende de la primera experiencia sexual o de aquélla tenida en la noche de bodas. Basta una frase equivocada de su amado o de su marido para hacerle perder de pronto la confianza en sí misma, en su belleza y en su cuerpo. Bastan observaciones como «¡Pero qué flaca eres!» «¡Qué tetas más pequeñas tienes!», o bien «¡Qué muslos más gordos tienes!». El mismo efecto pueden tener frases como «¡Pero tú no eres virgen!». Este tema ha sido retomado por Simone de Beauvoir.[3]

En el gran amor erótico estos frenos, estas barreras son aniquiladas. Es el amor mismo quien los destruye y libera el deseo, lo potencia y hace explotar la extraordinaria capacidad de dar placer. También yo he podido observar un caso de frigidez total que duró mucho tiempo en una mujer que, virgen y muy joven, se entregó de inmediato al hombre del que se había enamorado. Después de la relación sexual, puesto que no había sentido ningún dolor, le dijo: «¿Esto es todo?» y él la acusó de no ser virgen. En ese momento, dado que lo amaba muchísimo y tenía un gran

---

3. Simone de Beauvoir, *Il secondo sesso*, Il Saggiatore, Milán, 1961, págs. 348-440.

sentido del humor, se rió. Pero si bien a continuación tuvo una vida llena de aventuras, con muchos amantes famosos, nunca consiguió experimentar un orgasmo. Su sexualidad se despertará sólo después de veinte años, cuando se enamorará totalmente de un hombre con el que vivirá un extraordinario amor mutuo. Con él se abandonará completamente y adquirirá una sensibilidad erótica total, de la boca, la piel, los músculos, el pecho y los genitales, y tendrá orgasmos prolongados e intensísimos.

La quinta característica es la *unicidad* y la *inagotabilidad*. Hay personas que van continuamente en busca de parejas sexuales diversas y se cansan si deben hacer el amor con la misma persona. Haciendo así, de cada pareja captan la diversidad respecto de la anterior, pero permanecen inevitablemente en la superficie de su modo de ser y de sentir. En cambio, en el gran amor erótico, cada vez es como si descubriéramos a la misma persona de manera siempre nueva y cada vez más profunda. Hay pintores que han pintado a la misma modelo toda la vida viéndola siempre con ojos diversos y artistas que han pintado el mismo paisaje en las diversas horas del día y de la noche, con el cambio de las estaciones, del tiempo atmosférico y de la luz. Pero el ánimo humano es infinitamente más complejo que un paisaje. Y cuanto más dura el gran amor total, cuando más aumenta el conocimiento mutuo, cuando más cada uno vive la vida del otro en su integridad, tanto más el rostro y el cuerpo amado parecen siempre nuevos, bellos, sorprendentes y deseables. Aunque pasen los años, aunque envejezcan. Es la belleza absoluta, como creo que es la belleza del rostro de la madre para el niño: es aquello que agota el universo.

Otro aspecto del gran amor erótico es la *erotización de todo el cuerpo*, no sólo los genitales sino también la boca, las manos, los músculos y la piel. Los dos amantes pueden penetrarse y disfrutar del contacto permaneciendo casi inmóviles, luego continuar besándose en los labios, en la boca, o acariciándose, apretándose las manos, los hombros, el pecho, las nalgas, las piernas o los pies durante horas, sintiendo un placer intensísimo.

En Los diálogos de los amantes Rogan dice: «Hoy te acaricio larga e intensamente, y con mis manos percibo la forma de tus brazos, de tus hombros, de tu pecho, de tus nalgas y de tus piernas. No me canso de acariciarlas, ora dulcemente casi rozándolas, ora apretándolas como para incorporarlas, para apoderarme de ellas. Es como si mis manos hubieran adquirido la capacidad de los ciegos de ver las formas. Yo no sólo "te siento", sino que "te veo" mientras te acaricio, te abrazo y te estrecho. Nunca habría creído que el cuerpo femenino pudiera tener en sí tantas bellezas, tantas maravillas, cada día y cada vez nuevas. Mis manos disfrutan de tu cuerpo, de tu piel, de todo».[4]

La última característica del gran amor erótico es que la persona amada gusta siempre, *incluso cuando sufre*. Muchas mujeres cuando están enfermas no quieren dejarse ver por su amante, porque temen parecerle pálidas, desaliñadas, despeinadas y feas. Pero el hombre enamorado siempre encuentra guapa a su mujer, exactamente como la mujer enamorada encuentra guapo a su hombre, aunque esté herido. Además su hombre será siempre feliz incluso sólo por poder estar cerca de ella. El único verdadero sufrimiento es no verla, la distancia. La distancia hiberna el erotismo, pero alimenta el amor. Y es impresionante la rapidez con que, acabada la distancia, se despierta el erotismo. Cuando su amada, a la que

---

4. Francesco Alberoni, *I dialoghi degli amanti*, cit., pág. 246.

cuidaba como a una niña con fiebre, se cura, inmediatamente para él vuelve a ser la bellísima, adorable y estupenda bailarina dionisíaca con la que hacer el amor.

Tercera parte
El amor total

17
Un experimento

Las experiencias de las que hemos hablado, en realidad, no son casi nunca descritas. No porque sean inefables, sino porque si Oriente tiene una literatura sobre el enamoramiento y el amor que nace de él, en Occidente no tenemos una literatura sobre el erotismo y ni siquiera un *lenguaje erótico amoroso* que no se convierta inmediatamente en vulgar y pornográfico. En la cita que acabo de hacer de *Los diálogos de los amantes* no he podido nombrar las partes del cuerpo, los gestos amorosos a los que me refería, porque habría debido usar un lenguaje médico-ginecológico o vulgar.

¿Cómo puedo, en las lenguas occidentales, hablar a un tiempo
del gran amor sublime, del enamoramiento y del infinito placer
de los cuerpos que se unen, de las maravillosas bellezas que ven
mis ojos cuando todas las palabras que tengo a disposición
son obscenas? ¿Cómo puedo, al mismo tiempo, sexualizar
el espíritu y espiritualizar el sexo, es decir, dar cuenta de la
real experiencia de las personas enamoradas que hacen
el amor, se buscan y se dan placer? Me falta el lenguaje.
Y como me falta a mí, les falta a todos.

Todo Occidente no tiene el lenguaje para decirlo y, si no tiene el lenguaje para decir, tampoco está en condiciones de hacerlo. Abrid internet y veréis inmediatamente que estáis sumergidos por la obscenidad y la pornografía. Y si os liberáis de ésta y buscáis el amor, encontraréis sólo un lenguaje elevado, poesías, frases apasionadas o fragmentos.

Éste es el primer obstáculo. Tú quieres hablar del gran amor erótico y estás obligado a elegir entre el lenguaje sublime del amor o el obsceno del sexo. No pueden mezclarse, como el agua y el aceite. Lo había notado Murray Davis cuando decía que tenía dos voces, una de bajo y una de soprano, que, unidas, producían un efecto cómico. Consciente de esta dificultad, puesto que quería hablar de amor en su integridad, trabajé varios años en el libro *Los diálogos de los amantes* donde traté de fundir la experiencia erótica y el amor espiritual más sublime. Una tarea dificilísima porque se lucha contra la lengua. Y, en efecto, el libro, a pesar de que yo estoy convencido de que representa un verdadero progreso tanto en el plano lingüístico como en el cognoscitivo, ha sido a menudo malinterpretado. El editor no lo ha distribuido, incluso mi agente literario le ha puesto pegas. Pero es inútil que siga hablando en abstracto. Me parece debido dar aquí un ejemplo concreto de este intento de *fusión entre sexo y amor* que valga como indicación de un posible camino que profundizar. Los protagonistas del libro son, en realidad, un hombre y una mujer reales transfigurados con nuevos nombres y en una historia imaginaria. Rogan y Sakúntala pasan lentamente de la amistad a la relación puramente erótica en la que descubren la propia identidad sexual, hasta llegar a un grandísimo amor erótico que dura, un amor total. Todo el libro está constituido por un diálogo entre ellos y aquí reproduzco el pasaje en que Rogan, después de haber descubierto que ama a Sakúntala cuando ella está lejos y es inalcanzable, es feliz porque sabe que ha vuelto y pronto la verá.

Rogan: «¡Has vuelto, has vuelto! Apenas has puesto el pie en el aeropuerto, apenas me has telefoneado diciéndome "Estoy aquí", he sentido una alegría tan grande que me habría puesto a bailar y a cantar en medio de la calle. Y quería decírselo a todos, gritar a todos que mi amor estaba de nuevo conmigo. Y me ha entrado hambre, hacía un mes que casi no comía, un mes en que he perdido diez kilos, y redescubría los sabores. El sabor del pan, la pasta, las espinacas y el queso, el sabor del agua y el vino. Reconocía y degustaba asombrado los sabores puros. Los había olvidado. Son maravillosos, la comida es maravillosa, el sol es maravilloso, todo el mundo es maravilloso. Saber que estás cerca y que dentro de poco te abrazaré está haciendo renacer en mí el recuerdo y el deseo. La distancia es sólo desgarro y dolor, no deja sitio ni siquiera al placer del recuerdo, embota los sentidos, lo ocupa todo. Ahora que estás cerca puedo comenzar a imaginar tu cuerpo. Y quizá es el momento más adecuado para decirte cómo te veo, qué me gusta de ti, y de qué modo, y cuánta poesía hay en ti, en tu persona. Envidio al dibujante, envidio al pintor o al fotógrafo que puede representarlo. Yo debo hacerlo con palabras. Antes, cuando estabas lejos, sufría por tu ausencia, pero no conseguía recordar tu cuerpo, no conseguía recordar de cuando hacíamos el amor. En el último encuentro, hace más de un mes, el día antes de que partieras, te he abrazado fuerte, ya no te dejaba ir y de aquel abrazo sentía fluir la vida dentro de mí, y una energía, una riqueza, y experimentaba una alegría difícil de describir, tan íntima, tan intensa, tan desgarradora. La alegría de quien ha encontrado su patria y su casa. Y trataba de vivir lo más intensamente posible aquel momento, coger lo máximo posible de ti, asimilarlo. Ah, Saky, ahora recuerdo bien el último día. Acabábamos de llegar a nuestra habitación y tú, frente a mí, hiciste deslizar al suelo tu vestido. Me dijiste que te miraba goloso como un niño ante un helado. ¡Te creo! Tu cuerpo estaba encerrado en un *body* anaranjado. Yo bajé los tirantes y tus espléndidas tetas brotaron ante mis ojos encantados. Nunca podré contarte qué siento al mirarlas, nunca podré describir su belleza, su gracia, sólo puede decir el sentimiento de exaltación, de desgarro, casi de vértigo que me dan y el inmenso orgullo de poder decir: "Son mías" [...]

Y me he sumergido en ellas, las he apretado, los he besado, he cogido entre mis labios un pezón como un hambriento. Luego he comenzado a acariciarte el rostro, el cuello, los hombros, los costados, las caderas y los muslos, y a besarte por doquier, las manos y los pies. Y mientras te acariciaba sentía tu piel estremecerse bajo mis manos y entendía que mis caricias te gustan, que mis besos te gustan y te preguntaba: "¿Te ha acariciado así algún otro? Dímelo, porque quiero ser sólo yo". Tú reías. Luego me he inclinado entre tus muslos, donde hay un pequeño valle casi llano de piel blanca, delicada, con los bordes que suben suavemente. Y, en medio de dos mórbidas colinas y en su interior, apenas esbozada, la gran flor alargada un poco entreabierta, de la que se asoman los suaves pétalos de camelia rosa. Y de inmediato he tenido ganas de besarlos, de cubrirlo todo de besos».[1]

Y ahora reproduzco uno de sus diálogos, en la escena en que se han reencontrado y saben que se aman.

Saky: «Rogan, me emociono incluso sólo de escuchar tu voz, de oír tus pasos. El corazón me late cuando salgo de casa para venir a verte, y está alborotado cuando me acerco a la puerta

---

1. Francesco Alberoni, *I dialoghi degli amanti*, cit., pág. 165.

donde sé que me esperas. A veces me emociono incluso sólo hablándote por teléfono, imagínate cuando me siento junto a ti en público, cuando me tocas. Y tengo un estremecimiento cálido, delicioso e indescriptible cuando rozas mi pecho, incluso si me tocas una pierna. Y luego, cuando estamos acostados juntos, cuando tú te tiendes encima de mí, cuando me abrazas, cuando me estrechas fuerte con tus manos, entonces podría correrme de inmediato, incluso sólo porque me pones una mano sobre una pierna. Pero no quiero, no, me contengo porque deseo percibir la tensión amorosa y sexual que crece. Sentir el deseo de mi cuerpo, de mi piel, de mis mucosas y de mis células, de todo mi yo que aumenta. Esta sensación que describo como tensión es bellísima. Yo la llamo el *durante*. Sabes, yo saboreo mi tensión, saboreo mi deseo que aumenta, saboreo el estremecimiento del goce, hacia el paraíso del goce dura, continúa, puede continuar largamente, largamente. Es como un delirio, un agotamiento, una convulsión vibrante que aumenta hasta un momento en que no puedo más, entonces cede y me aflojo. Es un huracán de placer que me sumerge, me emborracha y me da más de lo que yo pueda haber nunca deseado. ¡Oh, Rogan, qué inmenso placer puedo experimentar! No soy tan altruista como tú, que me miras mientras gozo. Y mi placer comienza primero abrazando, apretando y acariciando tu cuerpo, rozándote por doquier con mis tetas, encabalgándome en tus piernas, en tu barriga con mi muesca desnuda, y te recorro centímetro a centímetro, luego me inclino, la cojo en la boca, la beso y la acaricio mientras tú vibras, gimes y me aferras y me dices lo bella que soy».[2]

Rogan: «Haces como una madre que "mima" a su niño. Y yo hago lo mismo contigo. Ayer te pusiste de costado y entonces

---

2. *Ibidem*, pág. 191.

abracé tu trasero, tus muslos, y los apreté con fuerza, largamente, experimentando una sensación de plenitud que nunca había sentido. Luego nos abrazamos, como mezclados, tus piernas apretaban las mías, yo apretaba con fuerza tus glúteos y luego, pasando por los costados, la espalda y los hombros. Mi carne saboreaba tu carne, mi piel, tu piel, y la tuya, la mía. Estábamos ceñidos como para querernos penetrar en uno en la otra, como para fundirnos. Un nudo entrelazado, un cuerpo único con muchos brazos y piernas y no había sexo en sentido estricto, pero todo nuestro cuerpo era sexo y disfrutaba, disfrutaba inmensamente. Es una experiencia nueva, una sexualidad nueva, posible sólo con este grandísimo amor. Es un modo de hablarse de amor con el cuerpo. Saky, creo que, solos, estamos descubriendo ciertas posiciones eróticas orientales que para ellos son rituales y para nosotros espontáneas, revelaciones de un verdadero lenguaje corporal del amor: muchas maneras distintas de decirse "te amo"».[3]

---

3. *Ibidem*, pág. 246.

18
Las bases del amor total

El amor total nace del enamoramiento, pero no se cierra en una fórmula institucional y conserva su naturaleza de continua revelación y de renovada felicidad espiritual y erótica. ¿Cómo es posible? ¿Cómo se puede realizar? Para intentar dar una respuesta partamos de la teoría de los *lazos amorosos* expuesta en mi libro *Te amo*.[1]

Hay cuatro fuerzas que crean un lazo entre dos personas: el *placer*, la *pérdida*, la *indicación* y el *estado naciente*. Cuando las tres primeras actúan solas provocan sólo un pseudo-enamoramiento, más precisamente un *arrebato*. Lo llamo arrebato porque dura mientras dura la fuerza que lo pone en movimiento, mientras que el enamoramiento, una vez iniciado, crea un lazo fuerte que dura. Así, el principio del placer, actuando solo, provoca un arrebato erótico, la pérdida provoca el arrebato por pérdida y la indicación provoca el arrebato competitivo. En el enamoramiento a menudo están presentes las cuatro fuerzas pero es sólo el estado naciente que lo pone en movimiento a través de la *experiencia fundamental que da al enamoramiento su carácter específico inconfundible*. También el gran amor erótico puede durar largamente, años o décadas, sólo porque se reaviva el estado naciente; pero en él se ponen en movimiento también los otros tipos de lazos amorosos. Veámoslos, por eso, uno a uno.

---

1. Francesco Alberoni, *Ti amo*, cit., págs. 58-73.

1) Comencemos por el *principio del placer*. Es el punto de partida más universalmente aceptado. Nos ligamos a las personas que satisfacen nuestras necesidades y nuestros deseos. Si una persona nos procura placer tenderemos a volver de nuevo donde ella, a estar más tiempo con ella, a establecer relaciones más estrechas. El placer refuerza el lazo, la frustración lo debilita. Este mecanismo es el fundamental de los reflejos condicionados de todas las teorías del aprendizaje. Es en base a este mecanismo que el niño se aficiona a los padres, porque estos satisfacen todas sus necesidades fundamentales, lo alimentan, lo mantienen con vida y le dan el afecto que precisa. Nos hacemos amigos de quien nos resulta simpático, de quien nos comprende, de quien nos escucha, de quien está a nuestro lado en los momentos de alegría, de tensión y de dolor, de quien nos hace justicia. Si el amigo nos trata mal, nos enreda, deja de ser nuestro amigo. Pero el principio del placer no explica la repentina aparición del enamoramiento porque, cuando nos enamoramos, aún no sabemos cómo reaccionará el otro, si nos corresponderá o no. Y hay muchos casos en que uno se enamora sin ser correspondido y sigue amando aunque sufra.

Pero el principio del placer se vuelve esencial para explicar el gran amor erótico que dura tal como lo hemos descrito en las páginas anteriores. Claro que podemos continuar enamorados de una persona que hayamos perdido o que nos hace sufrir, pero el gran amor erótico que dura requiere que ambos sientan placer. Y, en particular, placer erótico. La tradición cultural occidental nunca la ha dado su real importancia. Empezamos a comprenderlo hoy porque los lazos conyugales ya no se sostienen por la religión o la ley y sólo dependen del amor y el placer que puedan dar.

En el capítulo anterior hemos dado un ejemplo de la fusión entre gran amor y erotismo que genera la relación física y espiritual de intensidad altísima, con una felicidad erótica que se renueva cada vez más intensa. Es la situación opuesta a la de quien busca el placer teniendo sexo con una pareja siempre nueva impidiendo el nacimiento de un lazo amoroso.

2) *El segundo mecanismo es el de la pérdida.* A menudo nos percatamos de que una persona es indispensable para nosotros cuando corremos el riesgo de perderla, cuando se aleja de nosotros o cuando una potencia negativa —la enfermedad, la violencia, la muerte— nos la sustrae. Demos un ejemplo. Hay dos cónyuges cuyo amor se ha desgastado mucho, siempre disputan, tienen relaciones sexuales rutinarias, pero un día uno de ellos repentinamente desaparece. El otro queda conmocionado y lo deja todo para ponerse a buscarlo. Sólo piensa en encontrarlo. Se da cuenta de que aún lo ama y que todo el resto no tenía ninguna importancia. *El ser-que-se-pierde* se convierte en lo más importante, lo primero. Su hallazgo se convierte en la condición necesaria para que todas las demás cosas vuelvan a recuperar su sentido. Encontrarlo se transforma en el fin último y el resto es en un medio para realizar ese fin. Por eso *jerarquiza* todas las demás relaciones, separa lo que es esencial de lo que no lo es. Si el cónyuge es encontrado, entonces la angustia y el deseo se disuelven como una pesadilla. Pero queda un residuo: ahora el otro sabe que lo amaba más de lo que pensaba. En realidad, la pérdida le ha devuelto su valor.[2]

Pero la pérdida puede ser también ocasión para descubrir que esa persona no sólo era importante, sino esencial, y que no lo sabíamos, pero estábamos enamorados de ella. En el libro *Los diálogos de los amantes*, Rogan no se había percatado de que estaba enamorado de Saky, eran amigos, estaban bien juntos y tenían intensas relaciones sexuales. En los últimos tiempos se habían visto

2. Sobre la pérdida, véase un profundo análisis en mi libro *Genesi*, cit., pág. 167.

todos los días. Luego la mujer había partido para un largo viaje y, en un momento dado, una tempestad tropical había interrumpido las comunicaciones. Fue entonces que Rogan se dio cuenta de que la amaba. Reproduzco su relato: «Entonces ocurrió dentro de mí como una explosión, un estallido, un terror loco, la desesperación. ¿Qué había sucedido, dónde estabas, qué hacías? Y me percaté de que me faltaba algo esencial, vital como el aire. Ya no había aire, ya no podía respirar, y sentía un dolor atroz, terrible, como una mordaza que me apretaba el corazón, un dolor desgarrador y la conciencia lúcida, absoluta, de que no podía y nunca más habría podido vivir sin sentir tu voz, sin verte de nuevo, sin poder tocarte. La necesidad absoluta y apremiante de tu "presencia". Y grité, grité con toda la voz que tenía al teléfono mudo: "¡Amor respóndeme, amor respóndeme!". Y sacudía la cabeza, enloquecido, y corría adelante y atrás por la calle como un condenado a muerte. No sé cuánto tiempo duró ese espantoso estado, ese vacío, ese abismo de terror y de angustia. "Amor mío", gritaba, "¡amor mío!". No lloraba, estaba aniquilado. Luego después de un tiempo infinito, no sé si algunos días o un año, un tiempo, en todo caso, insoportable de espera, tú me mandaste un mensaje. "Ha habido una avería, mañana la arreglan". ¡Mañana! ¡Pero mañana era dentro de un año, un siglo! Yo te necesitaba de inmediato. No podía esperar ni siquiera un minuto. Me resultabas indispensable en aquellas horas, en aquel día, en aquel año me había vuelto distinto. Comprendí que te amaba. Comprendí que tú eras mi amor, mi último, grande y definitivo amor.

El amor, ¡qué palabra gastada y vacía de sentido!
El amor verdadero, el amor que descubría que
experimentaba por ti no es un sentimiento, no es una
emoción, es algo que mantiene unido el cuerpo, que le

permite vivir. Es la sangre, la sangre que lleva el oxígeno
a las células, y cuando falta, cada célula del cuerpo sufre
y aúlla de dolor, aúlla porque no quiere morir, y el
aullido de todas las células de todo tu organismo se
transforma en tu grito. Saky, en aquel momento tú eras
el oxígeno, eras mi sangre, y tu ausencia, tu silencio,
tu pérdida era la muerte. La persona que amas está
dentro de ti, es tú, es la fuerza que mantiene
con vida cada una de tus células».[3]

¿Pero cómo es posible que el mecanismo de la *pérdida* contribuya a mantener unidos a dos amantes durante muchos años, a crear el amor que dura? Sólo puede hacerlo porque el amor está fundado en la libertad del otro. En cuanto libre, el otro siempre puede abandonarme, siempre puede traicionarme. No tiene ningún deber hacia mí y yo no tengo el derecho de pedirle y aún menos de imponerle nada. El amor es siempre un don gratuito e inmerecido. Tanto Ghezzani como Vézina escriben que, puesto que ambos queremos ser libres, debemos también aceptarnos capaces de traición, es decir, debemos saber que el otro podía no amarnos más.[4] Dice Saky en *Los diálogos de los amantes*: «La distancia, la falta, forma parte estructuralmente del amor. Es ella la que hace posible el deseo. El amor verdadero, el amor mutuo, está hecho a un tiempo de la falta y de su eliminación, de la distancia y del abrazo que la anula.

---

3. Francesco Alberoni, *I dialoghi degli amanti*, cit., pág. 142.

4. Nicola Ghezzani, *Grammatica dell'amore*, cit.; Jean-François Vézina escribe: «En el amor duradero las parejas son conscientes de un posible fin y se recuerdan constantemente que su relación no es dado nunca por descontada» (*L'avventura dell'amore*, Edizioni Magi, Roma, 2010, pág. 112).

No puede haber deseo y, por tanto, felicidad sin la falta, por eso los enamorados crean ellos mismos la falta para encontrar luego la felicidad [...] yo porque temo siempre que tu amor pueda repentinamente terminar tal como ha repentinamente empezado, que pueda desvanecerse como la "macumba" que lo ha hecho nacer. Yo sé que te amo, sé que me amas y, sin embargo, estoy siempre listo para oírte decir un día "ya no te amo", o bien "ya no podemos vernos", por lo que cada encuentro es siempre el primero y el último, como si cada vez te enamorases de mí y yo de ti y experimentara por primera vez ese increíble placer, esos increíbles **durante** *y esos increíbles orgasmos que no imaginaba ni siquiera que existieran.*

Cada vez es un milagro, un milagro que se repite desde hace tantísimos años y creo que a ti te ocurre lo mismo».[5]

3) *El tercer mecanismo es la indicación.* Éste ha sido analizado de manera profunda por René Girard,[6] que lo ha puesto en la base de toda su teoría socio-filosófica. Para Girard cada uno de nuestros deseos nace porque hacemos nuestros los deseos de los otros. Son los otros, con su deseo, los que nos indican qué es deseable: «La rivalidad y los celos», escribe Girard, «no son el fruto de una convergencia accidental de los dos deseos sobre el mismo objeto. El sujeto desea al objeto precisamente porque sabe que lo desea el rival. Deseando ese objeto, el rival lo indica al sujeto

5. Francesco Alberoni, *I dialoghi degli amanti*, cit., pág. 307.

6. Véase en particular *Menzogna romantica e verità romanzesca*, Mondadori, Milán, 1964.

como deseable» y, al mismo tiempo, le barra el camino porque lo quiere él. Por eso, cada amor es triangular. Está construido de celos y de competición. Nos enamoramos siempre de alguien que ya es amado por otro (el mediador) y que nos lo indica como deseable precisamente con su amor. El sujeto exalta, transfigura y diviniza a una persona cuanto más amada es por los otros.

En realidad, cuando este mecanismo obra solo no produce el enamoramiento, sino sólo *un arrebato competitivo* porque el sujeto deseante choca con aquél que le indica qué desear, el rival.[7] Es decir, un deseo que dura mientras existe esta indicación, en el caso más sencillo mientras existe un rival. Nos da un clarísimo ejemplo de ello el libro de Carlo Castellaneta *Pasión de amor,*[8] donde la pasión del protagonista dura porque la mujer tiene un marido del que él está celoso y ella continúa moviéndose entre los dos.

En el enamoramiento bilateral simultáneo, en cambio, *la indicación* tiene una escasísima importancia porque con la certeza de ser amados el rival desaparece y es olvidado. Pero hay casos en que los celos conciernen no al presente sino al pasado y entonces los vemos aparecer también en el amor total. Como ocurre en *Los diálogos de los amantes*, donde Rogan está celoso de los amantes que Saky ha tenido de joven y de los que ella le ha hablado años antes, bromeando. Entonces no le interesaban y se reía. Pero le vuelven a la memoria cuando está enamorado y se siente atormentado. Quisiera preguntarle: «¿Cuándo os ibais a la cama, ¿qué hacíais? ¿Qué te gustaba, qué sentías? Es algo que nunca podré saber y que no querré nunca saber. Esta parte de ti es un misterio incognoscible. Entonces te pregunto; "¿Por qué no me has buscado, por qué no me has esperado?". Preguntas absurdas

---

7. La diferencia entre enamoramiento y arrebato está expuesta con claridad en mi libro *Il mistero dell'innamoramento*, cit.

8. Carlo Castellaneta, *Passione d'amore*, Mondadori, Milán, 1987.

que expresan el deseo de haberte tenido ya desde entonces y luego para toda la vida. Y te deseo con locura, te quiero sólo para mí, toda para mí y necesito hacer de inmediato el amor y sentir que disfrutas, que eres sólo mía. Quizá los celos del pasado sean sólo un modo de crear el deseo del amor».[9]

4) Pasemos ahora al *mecanismo fundamental del enamoramiento, el estado naciente*. El estado naciente es la raíz del proceso de nacimiento y de edificación de una nueva sociedad porque imprime a la experiencia individual y colectiva las *categorías* que le dan unidad, solidaridad y visión ideal. Éste es el inicio de una nueva vida de la colectividad y de los individuos que forman parte de ella y la generan: *Incipit vita nova!* Es el momento de la ruptura de las constricciones sociales, de las hipocresías que nos aprisionaban, el momento de la liberación, cuando, rotas las cadenas, nos asomamos a un mundo en el cual ya no están los vínculos, los impedimentos del pasado y podemos construir una nueva vida, un nuevo futuro. Pero nadie puede hacerlo solo. Necesita de alguien que constituye *la puerta, la piedra angular* de una nueva comunidad animada por los ideales absolutos del estado naciente y que quiere afirmarse en el mundo, realizarse en el mundo. Por eso los dos enamorados constituyen siempre una entidad colectiva que los trasciende y son siempre también dos guerreros que combaten codo con codo. La lucha común contra un enemigo, la lucha por afirmar un ideal puede ser un lazo fortísimo. La política nos da innumerables ejemplos de parejas enamoradas: Garibaldi y Anita, la reina Victoria y Alberto, Lenin y la Krúpskaya, Filippo Turati y Anna Kuliscioff, Trotsky y Frida Kahlo, F. D. Roosevelt y Eleanor, Evita y Perón.

---

9. Francesco Alberoni, *I dialoghi degli amanti*, cit., pág. 308.

19
La afinidad electiva

En todos los casos de gran amor que dura entran ciertamente en juego factores que conciernen a los aspectos más profundos y estables de la personalidad de los dos amantes. Correspondencias y complementariedades neurofisiológicas en que los dos se reconocen o se completan, misteriosos engramas de los que sentimos la existencia pero de los que no sabemos nada. Estas resonancias pueden existir antes aún de que los dos amantes se conozcan, y estar en la base de una atracción o de una simpatía inmediata que se convierte luego en un intenso enamoramiento en que se produce una verdadera reestructuración de la red neural de los dos enamorados. Un proceso que, en el caso de un amor de breve duración, se detiene y es seguido por una rápida disolución, pero que, en cambio, en un amor que dura se refuerza y consolida. La sucesión de encuentros, las experiencias en común, la necesidad del uno del otro, la confianza recíproca y también las crisis que separan a los dos amantes y los obligan a redefinirse, constituyen ocasiones de mayor integración, por lo que:

en el gran amor erótico no se forma sólo una intimidad física, sino una verdadera intimidad intelectual. *Los dos amantes se cuentan todo lo que les sucede, lo analizan, se explican otra vez los episodios relevantes de su vida, los comentan, ven siempre aspectos nuevos. Los amantes hablan continuamente de sí mismos. Es quizá precisamente éste el argumento que más les apasiona. Es un constante y progresivo conocerse y descubrirse. Al mismo tiempo, afrontan juntos todos los problemas prácticos, las dificultades, las enfermedades, los éxitos y los fracasos.*

Luego discuten de todo lo que ocurre en su ambiente laboral, social y político, en un esfuerzo por llegar, juntos, a entenderlo todo profundamente. Puesto que ambos están abiertos al otro y son sinceros, la suya es una verdadera búsqueda conjunta, en que cada uno da su contribución y se puede hablar de una solución dual.

Por eso en el gran amor erótico no se buscan y se unen sólo los cuerpos, se buscan y se completan también las inteligencias. Los amantes no sienten sólo placer abrazándose, besándose y haciendo el amor, sino también hablando, discutiendo y afrontando juntos los problemas, resolviéndolos, un placer que crece con el crecimiento del amor. Pero es absolutamente necesario que no haya complacencia, cada uno debe buscar hasta el fondo la verdad, decir hasta el fondo que piensa, plantear todas las objeciones que estima lógicas, no frenarse nunca por temor a disgustar al amado. Cosa sólo posible porque cada uno es capaz de cambiar de idea, perspectiva, si se le dan pruebas y argumentaciones objetivas, convincentes. Recuerdo dos amigos que se habían enamorado tarde, cuando él tenía más de cincuenta años y ella casi cuarenta. Ambos casados y separados, pero no vivían juntos. Por la tarde, cuando estaban solos, cada uno en su casa, se telefoneaban continuamente. Elegían un libro o una película o un espectáculo televisivo y lo miraban cada uno por su cuenta; pero, en cada intervalo se llamaban para comentarlo, para discutirlo. No lo habrían hecho con tanta concentración y con tanta intensidad si lo hubieran visto sentados en el mismo diván o hubieran estado distraídos por tantas pequeñas actividades domésticas. Y desde el comentario de la película o de la política pasaban a recordar episodios de su vida y puesto que estaban muy enamorados recordaban los momentos más conmovedores, aquéllos en que estaban lejos realizando una total integración entre recuerdos, amor, erotismo e inteligencia. Continuaron así durante más de veinte años y tuve la impresión de que estos diálogos a distancia eran para ellos una manera distinta de conocerse más profundamente y de hacer el amor. Y cuando los veía juntos tenía la clara impresión de que sus dos personalidades, tan diferentes, estaban cada vez más unidas, ligadas, diría también a nivel neurofisiológico. Este tipo de amantes, cuando están en la misma sala, se buscan de inmediato con los ojos, miran espontáneamente en la misma dirección si sucede algo, con una mirada entienden el estado de ánimo del otro. Y lo hacen incluso sólo oyendo su voz al teléfono. Bastan dos palabras, una inflexión del sonido, para comprender, con una precisión absoluta, si el otro está solo o acompañado, si está triste o alegre, si está preocupado o sereno, atento o distraído. Entre personas así no puede haber secretos aunque estén lejos, aunque ninguno sueña con controlar el comportamiento del otro.

Ya hemos hablado de la impresión de belleza. Hay amantes que, después de décadas de intimidad erótica, cada vez que se encuentran quedan literalmente encantados ante el cuerpo desnudo del otro, sienten un placer siempre nuevo, siempre diverso y tienen la impresión de que es más intenso que el de la vez anterior. Muchos de ellos dicen que esta extraordinaria atracción, este extraordinario entendimiento físico es "cuestión de química", y probablemente tengan razón, en el sentido de que todo el organismo de los dos amantes, todo su sistema neurohormonal está involucrado.

Así se constituye entre ellos una verdadera afinidad electiva también en el plano de la sensibilidad, los gustos, las elecciones y los valores, hasta de las preferencias estéticas y las simpatías. Y a veces puede ser esta afinidad de los gustos, de los valores, que los hace encontrarse y reconocerse, como demuestra la película de Woody Allen, *Midnight in Paris*.

El protagonista es un guionista de Hollywood que se halla en París con su prometida y sus suegros. Está cansado de su trabajo, bien pagado pero banal, y quisiera escribir una verdadera novela literaria. Y mientras la novia pasa de un monumento, una muestra, una fiesta a otra, él vaga de noche por la ciudad y a medianoche en punto (la medianoche mágica de los cuentos populares) encuentra los automóviles de los artistas que vivían en París en los años veinte. A la primera que ve es a Zelda, la Zelda de Fitzgerald, luego al músico Cole Porter, luego a Picasso, que acaba de pintar el desnudo distorsionado de su amante, Adriana. Así, noche tras noche, ante el fatal repique, él entra en el grupo encantado de los más grandes artistas de la época: Magritte, Salvador Dalí, Luis Buñuel, hace leer su libro a Gertrude Stein, que lo anima a continuar y, cuando su prometida vuelve a Estados Unidos, él no la sigue, permanece en el París del pasado junto a una deliciosa muchacha del mercado de pulgas porque ella forma parte de su mundo ideal y entre ellos hay una verdadera y profunda afinidad.

Todos aquéllos que tienen una común visión del mundo, al menos en el plano de los valores más altos, buscan siempre en el pasado figuras ideales, modelos en los que inspirarse. Generaciones enteras los han encontrado en la Atenas de Aristóteles y Platón, otros en la Roma de los Césares, otros en la Italia del Renacimiento, y otros más en la Revolución francesa o en los padres fundadores de la República americana. Ugo Foscolo en *Los sepulcros*[1] recuerda a los grandes espíritus que constituyen la patria ideal, único fun-

---

1. Ugo Foscolo, *I sepolcri*, impreso por primera vez en la Officina Tipografica Bettoni de Brescia en 1807.

damento del Resurgimiento. Pero también hay héroes individuales. Thomas Carlyle[2] nos invita a encontrar inspiración y fuerza en las grandes figuras del pasado. Los protagonistas de la película de Woody Allen habían reencontrado su mundo ideal en los grandes autores de los años treinta.

Cada uno de nosotros vive en dos mundos. Uno es el concreto, cotidiano, y el otro el ideal. El mundo concreto lo hallamos a nuestro alrededor y nos movemos en él. El mundo ideal lo construimos nosotros mismos en el curso de nuestra vida recogiendo todas las experiencias que han dejado en nosotros su impronta definitiva, las personas que hemos admirado, que nos han divertido, ayudado, los maestros, los amigos, los amores, los libros, las películas y también los gestos y las emociones cargadas de valor. Luego también los lugares, los paisajes y las obras de arte. Somos nosotros quienes los elegimos precisamente porque son islas de luz y de valor en medio de las fatigas, los errores y los dolores de la vida. Los conservamos en su pureza, en su verdad y con ellos construimos una especie de patria ideal oculta en el centro de nuestro ánimo.

El *mundo ideal* individual no está hecho sólo de realizaciones, sino de aspiraciones, no sólo de éxitos, sino también de añoranzas. Es la destilación —a veces sólo pocas gotas— de todo aquello gozoso y glorioso, elevado, sublime y noble que hemos conocido,

---

2. Thomas Carlyle, *Gli eroi, Il culto degli eroi e l'eroico nella storia*, Rizzoli, Bur Classici, Milán, 1992.

experimentado y amado, de todo cuanto la vida nos ha dado y mostrado de bueno y de digno. No hay nada turbio, indigno y corrupto en el mundo ideal, porque hemos intentado retener, conservar precisamente aquello que era bello en medio de lo feo, aquello que era un purísimo diamante en medio de las miserias de la vida. Para hacerlo hemos debido descartar, dejar de lado lo negativo. Hemos debido quitar el sufrimiento, el dolor y el rencor de un amor para poder recordar sus momentos felices, los instantes de luz. La separación no es una mentira, es más, es precisamente el modo de conservar la verdad. La *vida ideal* que constituye el corazón de nuestro espíritu, nuestra patria luminosa debe ser recortada en la verdad, debe ser el precipitado de aquello que ha sido realmente vivido, su destilación emocional y moral tanto más rica cuando más auténtica. Y es este mundo ideal individual el que, en el gran amor, transmitimos a nuestro amado y le pedimos que comparta, y él hace lo mismo con el suyo. Y ese continuo hablar de nosotros mismos del que no nos cansamos nunca, ese continuo recordar nuestras experiencias es precisamente el modo de poner en común nuestro mundo ideal, para hacer de él un patrimonio compartido que nos une en los valores y refuerza la afinidad electiva. La *afinidad electiva*, que en el libro de Goethe parece el elemento *a priori* que lleva a los dos a enamorarse, es en realidad casi por completo el producto de la relación amorosa y del diálogo espontáneo, verdadero, entre los dos amantes.

El lector habrá notado, acaso con un punto de crítica, que casi siempre hablo de amantes que habitualmente se dicen la verdad, que son objetivos consigo mismos, no mienten y no se mienten. Lo hago porque estoy ilustrando los mecanismos y los procesos sobre los que se basa el gran amor que dura. Pero, volviendo a la realidad concreta, todos sabemos que las personas de carne y hueso no dicen, no se dicen toda la verdad, no hablan, mantienen escondidos muchos defectos. Y así hay muchas personas que construyen una propia y arbitraria historia ideal, una biografía ideal, mejor una hagiografía personal, donde ponen todo lo que los hace admirables a los propios ojos y a los ojos de los demás. Y para hacerlo eligen recordar lo mejor y olvidar el resto, manipulan la propia memoria para obtener un retrato ejemplar, pero falso. Cuando están enamorados, aquéllos que se han construido una biografía hagiográfica, incluso con las mejores intenciones, no pueden decirlo todo y, habiendo manipulado la historia, en algunos puntos inexorablemente mienten. Y a menudo mienten sin saber que mienten. El resultado es que entre ellos, con el paso del tiempo, se constituye poco a poco, sin que se percaten, una atmósfera de reserva, de prudencia, de esfuerzo, de autocontrol y de desconfianza. Pueden amarse, pero cada uno deberá continuamente corregir la realidad, contenerse y será imposible la sinceridad total y el total abandono. Lo falso, lo no dicho y lo no decible generan una atmósfera de inconsciente sospecha, de subterránea desconfianza que frena los ánimos y bloquea la confidencia.

Las personas que comparten su mundo ideal construido sobre la verdad, en cambio, cada vez que se encuentran, incluso cuando entre ellos hay motivos de crisis y de desacuerdo, al final sienten siempre un extraordinario sentimiento de paz, de distensión y de confianza, *una especie de "alegría del corazón". Es el efecto de la afinidad electiva que está en la base de su grande y duradero amor.*

20
La fidelidad

*En el gran amor erótico que dura, en cada encuentro los
dos amantes tienen la desconcertante experiencia de
sentir un placer nuevo y mayor que la vez anterior.
Es como si cada vez se produjera una revelación.*

Esto no quiere decir que cada uno sienta por el otro, día tras día, un amor más grande, una especie de estado continuo de éxtasis. No, absolutamente no. Los amantes enamorados se ven casi siempre como dos personas normales, se encuentran incluso defectos: uno, por ejemplo, piensa que el otro ha adelgazado o engordado demasiado. Lo que indica la presencia del amor es cuando juntos están bien. La felicidad, el placer erótico y el estado de beatitud se presentan como experiencias, momentos, períodos. Es como si salieran de la nada, es como si en aquel momento el amor estallara por primera vez por entero y en su máximo grado. El anterior *plateau* de placer absoluto ya ha pasado, ya ha sido olvidado y, por eso, el nuevo no puede ser comparado con él sino sólo con el estado normal que lo ha precedido, un estado de bienestar, no de felicidad estática. El gran amor erótico constituido por una sucesión, durante años o décadas, de *plateau* de placer absoluto es, sin embargo, posible porque entre los dos amantes existe un estado amoroso continuo fundado en la reciprocidad y en la exclusividad, en la *fidelidad*.

Detengámonos un momento en esta experiencia de fidelidad precisamente que, mientras para quien está fuera de este horizonte amoroso la *fidelidad* es una limitación, una obligación y un deber, algo que se obtiene renunciando a algo más, en el gran amor erótico la fidelidad es algo deseado y constituye una fuente de placer y de orgullo en sí misma: dice Saky en *Los diálogos de los amantes*:

«Pero de una cosa estoy segura. Que no quiero estropear, contaminar las estupendas sensaciones que tengo contigo. Bastaría un contacto con otro para intoxicar, para envenenar irreparablemente su pureza. Como una gota de veneno envenena una botella de agua purísima, como comer la manzana del árbol maldito en el paraíso terrenal. La fidelidad nos concentra sólo en nuestro amado, en nuestro amor y vuelve nuestra vida divina. Esto vale también para ti. Si tú fueras con otra mujer perderías el camino que te reconduce al encantamiento que hemos alcanzado hoy».[1]

Pero en realidad la fidelidad tiene una raíz más profunda. En el gran amor erótico el deseo sexual se concentra exclusivamente en la persona amada, que nos parece no sólo la más bella, sino la más deseable del mundo. Aunque admitas que otro hombre u otra mujer son bellísimos, fascinantes, cuando te acercas a ellos con intenciones eróticas te percatas de que nunca, absolutamente nunca, podrás sentir el tipo de experiencias extraordinarias que sientes con tu amado, nunca podrás alcanzar el nivel del *plateau* que vives con tu amado. Lo sientes de inmediato y, si había comenzado a asomarse un deseo sexual, éste desaparece en seguida. Y te en-

---

1. Francesco Alberoni, *I dialoghi degli amanti*, cit., pág. 237.

cuentras frente a una persona que te resulta totalmente extraña. Esta reacción automática ocurre sobre todo en las mujeres. El varón, en el que el impulso sexual salta de manera casi refleja, a veces puede no experimentar este sentimiento de extrañeza y ceder momentáneamente al deseo. Pero casi siempre a continuación tiene una fuerte impresión de "disgusto" y a veces de verdadero "remordimiento", es decir, un sentimiento de culpa que ya no consigue borrar. Cuando Roland Barthes dice que tu amado es *atopos*, no comparable, dice que no compite con otras personas, pertenece a otra categoría, genera un tipo de emociones que ningún otro en el mundo puede generar. Reproduzco aquí un pasaje de mi blog: «Estaba en Florencia con unos amigos, se había hecho muy tarde y estaba cansado. Volví a mi habitación y repentinamente sentí el deseo de ver a mi amada, que estaba en la habitación de al lado. Había dejado la puerta abierta, quizá me había esperado y se había dormido. Entré silenciosamente y vi que dormía, estaba abandonada deliciosamente, llevaba una camiseta blanca y tenía un brazo bajo la cabeza, los hombros cándidos desnudos, el cuerpo que se entreveía bajo las sábanas blancas. Luego, quizá porque había oído ruido, se volvió del otro lado y por un instante vi su rostro sereno, de niña feliz y entreví su pecho cándido.

Entonces, de golpe, entendí, comprendí que la amaba más que
a cualquier otra cosa en el mundo, que para mí nunca había
habido y nunca habría una mujer más querida, más amada,
más deseable, y que todo el resto comparado con ella, el éxito,
el dinero o la fama no eran nada, que la única completa
felicidad podía encontrarla sólo acostándome junto a ella,
estrechándome a su cuerpo desnudo, sintiendo contra la mía
su piel, acariciándola, hasta fundirme, olvidarme en ella».

Si éstas son las experiencias del amor total, ¿cómo es posible que tantas personas, incluso estando enamoradas, puedan ceder a la tentación sexual? Como cuando en las fiestas, con el uso del alcohol y las drogas —hoy el mayor peligro está representado por la cocaína— el grupo prevalece sobre el individuo. Cuando estamos enamorados, amamos a un individuo único e inconfundible, no comparable, no sustituible, no reemplazable por ningún otro. Pero, bajo la acción de la cocaína, la persona se siente omnipotente e invulnerable, ya no siente la necesidad absoluta de la persona que ama, no desea participar de su vida, de sus sentimientos, hacerla feliz, ya no siente la languidez, la ternura del corazón, la alegría de la intimidad. Absorbida totalmente en sí misma y en su placer, es indiferente a los demás y a lo que sienten. A menudo está contenta de hacer lo que está haciendo en ese momento. Puede continuar durante horas jugando a las cartas o haciendo el amor, y su deseo puede ser tan intenso que puede emparejarse con la primera persona que encuentra a su lado. La cocaína usada en la juventud constituye la amenaza más peligrosa para el gran amor que dura porque seca el corazón y facilita la promiscuidad. Es usada por las chicas de alterne para poder ir con cualquiera sin problemas. Se da a las adolescentes para prostituirlas en las discotecas.

Pero yo estoy convencido de que dos personas que viven un gran amor erótico no se dejan seducir por la droga porque no quieren ni siquiera por un instante correr el riesgo de perder lo más bello e importante de su vida a causa de un estado de conciencia alterado. El gran amor erótico quiere ser siempre plena y lúcidamente voluntario, consciente. Éste puede ser querido, cultivado y alimentado, evitando los más groseros errores que pueden destruirlo con facilidad.

21
La verdad

En el capítulo anterior hemos dicho que en el mundo ideal todo debe ser sincero, espontáneo y verdadero. Llegamos así a la regla fundamental y esencial del amor que dura: *di siempre la verdad, no mientas, no interpretes nunca, ni contigo mismo ni con tu amado.*

He considerado oportuno dedicar un capítulo especial a la verdad porque buena parte de la literatura y de la práctica amorosa está hecha de cortejo. Y el cortejo es una puesta en escena, una interpretación que, si en algunos casos sólo quiere crear atracción, en otros es un verdadero engaño. ¿No se dice que en el amor todo es lícito? Cuando Don Giovanni, en la homónima ópera de Mozart, quiere seducir a Zerlina, le promete desposarla y le dice que así tendrá una vida rica de noble en vez de aquélla miserable que tendría casándose con Masetto. Pero, sin llegar a esta falsedad total, es cierto que, durante siglos, la relación amorosa ha sido considerada una especie de asedio, de conquista. Era así porque la mujer, por temor a un embarazo no deseado, siempre se ha rodeado de defensas.

En el libro *La edad del deseo* de Carlo Castellaneta el protagonista, un adolescente, dice: «De los libros que he leído, de las películas que he visto, del modo en que en torno a mí se habla de la seducción, me he formado la idea de que el amor es una especie de guerra, es decir, todo lo contrario de lo que debería ser. Para llegar a poseer es preciso engatusar, apostarse, idear estratagemas y dar golpes de mano. He aprendido que la mujer se parece a una ciudadela fortificada, con sus fosos y sus puentes levadizos, pero que en este asedio no existen reglas, más que saber identificar los puntos débiles que golpear».[1]

El muchacho sueña con tener con la mujer una relación serena, plácida y satisfactoria. Pero siente que no puede alcanzarla: «No conozco el amor más que por su aspecto interrogativo y huidizo. La eterna pregunta que me persigue sobre su misteriosa alquimia y, sin embargo, a veces me parece identificar su esencia con una participación total de espíritus como la que me liga a mi amigo Vittorio [...] y pienso que sería magnífico si se pudiera tener con una muchacha la misma espontaneidad que se tiene con un amigo, esta confianza que no teme ser tomada por debilidad, en vez de esforzarse por parecer íntegro o indiferente. Porque si te abandonas a la conmoción eres tomado por débil, cobarde e incapaz».[2]

Y piensa que nunca podrá alcanzar esta plenitud de confidencia, de confianza y de abandono con una mujer.

Hoy las cosas en parte han cambiado, pero sólo en parte, porque los factores que hacen atractiva a una mujer y los que hacen atractivo a un hombre son distintos, y, por tanto, continúan funcionando, aunque sea con variantes, las reglas de guión seductivo: los regalos, la cena o la invitación a beber algo. Ellos desaparecen sólo cuando se realiza el verdadero enamoramiento bilateral. Entonces, por primera vez, las dos personas que se afanaban, que se sentían oscuramente diferentes, que debían cada vez llevar a cabo un minué ritual para acercarse, pueden finalmente abandonarse y decir lo que piensan, lo que sienten y contarse la propia vida, deseosos de abrirse, deseosos de verdad.

---

1. Carlo Castellaneta, *L'età del desiderio*, Mondadori, Milán, 1990, pág. 51.
2. *Ibidem*, págs. 97-98.

Con el enamoramiento y el deseo de revelar todo de nosotros mismos, la verdad irrumpe en la escena del amor. Y debería permanecer siempre allí. Sí, porque, como hemos visto, los componentes esenciales del gran amor que dura son los mismos que lo hacen nacer. Y, en el estado naciente del enamoramiento, los dos amantes consiguen de nuevo mirar el mundo con la misma frescura, la misma alegría, la misma confianza de los orígenes, y piensan que sólo puede existir la verdad, que sólo se puede decir la verdad. Decirla ante todo a sí mismos y hablar al otro con la mente y el corazón puros y abiertos.

Dos seres humanos, incluso cuando se aman, son infinitamente distintos. Y son un misterio hasta para sí mismos. El amor es el momento mágico y encantado en que, por primera vez, nos preguntamos quiénes somos y quién es ese otro desconocido tan importante en nuestra vida. Y descubrimos que en nosotros mismos hay una parte de luz y una parte de sombra. Lo que nos gusta de nosotros y lo que no nos gusta, que no quisiéramos ser y no quisiéramos haber hecho, *la sombra*. Y descubrimos que en el amor podemos incluso desvelar a nuestro amado nuestra parte oscura y comprender, así, a través de él, que también ella tiene un sentido, un significado, un motivo. Y que quizá él nos ama precisamente también por eso. E intuimos que también en él hay una parte oscura, aquélla que nos turba, que nos da miedo, que nos suscita celos, pero que, al mismo tiempo, nos seduce y fascina. El amor absorbe siempre en sí también la sombra y la transforma en luz, pero en *luz oscura*. Ella tendrá siempre el poder de turbarnos y deberemos ser siempre prudentes al afrontarla.

Con el amor nos volvemos conscientes de los deseos prohibidos, de los actos que habríamos podido evitar, de aquello que no debería haber hecho nuestro amado, de las contradicciones en las que ambos estamos inmersos. En efecto, todos vivimos en un mundo de valores y de normas consolidadas que hemos violado y por las que somos juzgados y en base a las cuales nos hemos juzgado o nosotros mismos nos hemos condenado. Pero el gran amor es como un huracán que barre estas condenas, estos juicios, se sitúa por encima de ellos, único árbitro de aquello que tiene o no tiene valor. Y podrás percatarte de que aquéllas que parecen culpas, a los ojos de tu amado son actos de valor, aquéllas que te parecen debilidades signos de un ánimo gentil. Porque el estado naciente del amor no admite ninguna fuerza, ningún derecho, ningún juez por encima de sí mismo. Habla libremente, cuenta todo a tu amor y verás que su estupor se convertirá en comprensión, el temor en aplauso.

Por eso, para realizar **nuestros deseos y los de nuestro amado**
cada uno debe siempre decirlos al otro, siempre, sin mentir,
sin miedo, cada uno debe contarle límpidamente qué quiere,
qué sueña, qué desea. ¡Sí, dile también sin miedo lo
que te gusta y lo que no te gusta!

Sé que tienes miedo, enmudeces y te preguntas: «¿Pero él cómo puede reaccionar?». ¿No te conviene mentir, embellecer, tratar de adivinar qué quiere, interpretarle el papel que desea? No, no, concédele algo, pero poco, luego sé tú mismo. ¡Claro que es arriesgado seguir este camino, pero merece la pena!

*Muchos matrimonios, muchas convivencias han terminado
en la aridez y en la incomprensión porque ambos no han
tenido nunca el valor de decir qué querían de verdad
y siempre han hecho lo que imaginaban que quería su
amado, mientras que éste no lo deseaba en absoluto.
Y muchos, a furia de hacer cosas que en el fondo no
deseaban, y cansados de no conseguir tener lo que, en
cambio, deseaban ardientemente, han acabado reprochando
al otro esa incapacidad, insensibilidad y falta de erotismo
que habían provocado precisamente con su silencio.*

Hay hombres enamorados de su mujer que nunca han tenido el valor de pedirle tener relaciones eróticas más atrevidas, más osadas, que habrían obtenido de una amante o de una prostituta. Y luego le han criticado ser siempre demasiado reservada, demasiado fría, poco erótica. Y hay también mujeres que no han tenido el valor de pedirle a su marido aquello que le habrían pedido a un amante con fama de *playboy*. Miedos absurdos, insensatos, pero muy frecuentes. La gente que se ama está dispuesta a entender y a aprender, pero es preciso que se le diga qué debe entender y qué debe aprender.

El hábito de decirse siempre la verdad, también en las cosas insignificantes, incluso cuando habría sido sencillo y fácil callar. Produce en el tiempo una *confianza total*. Cada uno sabe que cualquier cosa que haga o diga, el otro lo sabrá y lo entenderá, podrá aprobarlo o discutirlo, pero estará siempre de su lado, estará siempre dispuesto a ayudarlo y a sostenerlo con su amor. El lector habrá notado que nunca he usado palabras como "arrepentimiento" o "perdón". Porque ellas, en nuestra tradición, implican alguien ante quien arrepentirse y alguien que puede perdonar. Por tanto alguien que tiene el poder de juzgar, de absolver o de condenar. Pero en el gran amor total nadie puede abrogarse este poder. Yo, si me percato de que me he equivocado respecto de mi amado, se lo digo, le digo que lo siento, pero no me postro para pedirle perdón, no me humillo, no me castigo. Y él, aunque sabe que tiene razón, escucha mis explicaciones, mis excusas, pero no espera que me postre delante de él para recibir la absolución. Arrepentimiento y perdón forman parte de la esfera del poder que ha sido expulsada del amor. El arrepentimiento sigue siendo aflicción y el perdón un acto de amor.

La confianza total es considerada una característica de la gran amistad. Y efectivamente los amigos y las amigas se dicen cosas reservadísimas. Pero nunca lo ponen todo en común, a menudo callan precisamente los sentimientos y los lazos más profundos. La amistad los autoriza a tener una zona de secreto sobre cosas esenciales. El amor, no. Éste requiere una transparencia confiada que no tiene límites (más que la libertad del otro) porque nosotros cogemos a nuestro amado en su integridad en lo que ha sido, en lo que ha hecho, en lo que ha amado en el pasado y en el presente. Amamos también sus defectos, sus debilidades, sus errores o, mejor, los interpretamos de otro modo, descubrimos en esa acción también un valor positivo que nos enseña algo y, si es verdaderamente negativo, inaceptable, será nuestro amado quien saldrá en nuestra ayuda, rechazándolo.

En el gran amor total esta participación mutua se convierte en un modo habitual de vivir. Los dos amantes se dicen todo, se cuentan qué les ha sucedido, se confían sus pensamientos, discuten incluso acaloradamente para que no haya incomprensiones, aclaran los equívocos, se esfuerzan de todas las maneras para entender a fondo el punto de vista el otro y, aunque no lo compartan, lo respetan, y cuando luego lo estiman correcto modifican su juicio, llegando así a una conclusión común a la que sigue una gran serenidad.

Esto no significa que ellos no se enfrenten incluso a crisis graves de su amor. Es más, un gran amor que dura parece siempre *periódicamente a punto de desaparecer,* de ceder sumergido por las dificultades y los desacuerdos. Pero es precisamente el compromiso absoluto de decirse siempre y sólo la verdad el que permite resolver conflictos y problemas porque cada uno comprende que el otro nunca quiere manipular, abusar o actuar de manera egoísta, sino sólo un modo de ser plenamente él mismo. Los dos amantes se esfuerzan por asumir el punto de vista del amado como propio. La composición del desacuerdo entre personas que se aman profundamente se produce porque cada una se da cuenta de que también la otra lucha consigo misma, sufre, y si no cede es sólo porque no consigue hacerlo de otra manera, porque no puede. Y frente al "no puede" quien ama acepta.

22
Celos del pasado y redención

En el libro *Sexo y amor*,[1] dediqué un capítulo a estudiar el caso de esos amantes que, mientras hacen el amor con su pareja, imaginan que lo hacen con algún otro personaje con el que lo han hecho en el pasado y sostienen que esto no incide en lo más mínimo en su amor. Después del estudio hecho sobre el gran amor erótico estoy seguro de que estas personas, en realidad, no aman en absoluto a su amante. Estas fantasías muestran que ellas desean otras experiencias, que no se conforman con lo que tienen, en síntesis, que aún están en busca de lo que podría ser su único y verdadero amor. Y dado que su relación está fundada en una mentira, ellos no están en condiciones de decir la verdad a su pareja. No pueden decirle que mientras hacen el amor con él imaginan que lo hacen con otro o con quien ya lo han hecho, porque él se daría inmediatamente cuenta de que no es amado y las rechazaría.

El gran amor erótico es exactamente lo opuesto: está orientado total y exclusivamente a la persona amada. Ya no somos arrastrados hacia otras personas, no buscamos tener lo que hemos vivido con otros en el pasado, al contrario, quisiéramos haber siempre vivido, haber hecho siempre el amor, haber estado siempre cerca de nuestro gran amor.

---

1. Francesco Alberoni, *Sesso e amore*, cit., págs. 234-238.

Sí, porque en el gran amor total amamos a nuestro amado durante toda su vida, estamos fascinados por todo cuanto ha hecho, por tanto, somos atraídos y turbados por los amores que ha tenido antes de que estuviéramos nosotros, antes de amarnos a nosotros. En muchos casos estos amores no nos inquietan, los consideramos algo del pasado, olvidado, carente de valor. Pero también hay casos en que, en cambio, el enamorado los siente como rivales que le han quitado el amor de su mujer o de su hombre durante tantos años, individuos por los que ha sido robado.

Hace muchos años Vittorio Gassman me dijo: «Pero la forma más terrible de celos son los celos del pasado. Es lo único que no puede ser vencido». Desde entonces me he preguntado qué son, cuándo nacen y cómo pueden curarse. En efecto, durante el enamoramiento bilateral cada uno explica al otro su historia pasada, los propios amores como cosas que ahora ya no tienen valor. Y no puede haber celos de lo que no cuenta nada. Chéjov en el relato *La dama del perrito* nos dice de manera deliciosa: «Los dos amantes vivían aquella fase en que se perdonaban mutuamente aquello de lo que se avergonzaban de su pasado, se perdonaban todo el presente y sentían que ese amor los había cambiado a ambos».[2]

Si continúan los celos, quiere decir que este proceso de anulación mutua no ha funcionado, que uno siente que el amado aún está atraído por alguien de su pasado y lo recuerda con placer, quizá con un placer mayor del que siente por él y por eso lo vive como un rival. Un rival ausente, pero no por ello menos temido.

---

2. *La signora col cagnolino* (ed. or., 1899), en Chéjov, *Racconti e teatro*, Sansoni, Florencia, 1966. Traducción de Giuseppe Zamboni.

¿Cuándo se verifica esta situación? Cuando uno de los dos enamorados, al contar su vida al otro, no le dice de manera absoluta, inequívoca, que de los amores pasados ya no le ha quedado más que recuerdo, pero sin ningún atractivo, añoranza o deseo. Los celos del pasado aparecen cuando uno de los dos da a entender que tiene nostalgia de algo, o tontamente piensa que puede mantener atado con más fuerza al amado poniéndolo celoso. A veces el asunto es puesto en un plano jocoso, pero en un ánimo inseguro puede dejar una sombra de incertidumbre, una duda, que se reactiva a continuación, acaso por un encuentro fortuito. El amor del enamoramiento no soporta este tipo de dudas porque lo recuerda todo y, por tanto, necesita de certezas absolutas.

Luego hay una segunda causa. Hay casos en los que uno de los dos, para valorizarse a los ojos del otro o para suscitar su deseo erótico, le cuenta que ha tenido muchos amantes, muchas aventuras, que permanecerán impresas en la mente del otro. De este modo, le insinúa en el ánimo unos celos que a continuación ya no podrá anular diciéndole que no es cierto.

Un resultado análogo obtienen aquellos que, en cambio, no cuentan, que esconden sus experiencias eróticas y amorosas. Éstos serán luego obligados continuamente a mentir, con el peligro de ser descubiertos. Y, a menudo, su amado, sintiendo que algo le ha sido escondido, puede ponerse muy celoso de un rival misterioso y desconocido.

Luego están los casos en que los dos amantes dicen que quieren vivir totalmente en el presente, sin pensamientos ni preguntas. No quieren recordar el pasado, no quieren saber nada el uno del otro, si pudieran no se dirían ni el nombre. Por eso, después de un cierto período de tiempo, acabada la fase de total ebriedad erótica, descubren que son dos extraños, dos desconocidos que han tenido amores y amantes que ahora emergen del pasado como fantasmas.

Otras veces el sujeto cuenta su vida, pero no la pone en discusión, no la critica. Dice al otro: «Yo soy así, debes aceptarme tal como soy». Tampoco en este caso se anula el valor de los amores pasados, que siguen pesando sobre el presente. Un famoso caso de celos del pasado es el de Tólstoi que, dos días antes de casarse, deja a su prometida Sonia un diario en el que le cuenta todos sus amores con prostitutas y criadas, añadiendo que él es así y debe ser aceptado tal como es, que no tiene la intención de cambiar. Sonia quedó trastornada y durante toda la vida estuvo celosa de las viejas y nuevas amantes de su marido, del que nunca pudo fiarse, volviéndose cada vez más posesiva y desconfiada, hasta la tragedia final.

Hay un último caso de celos del pasado que nace cuando las dos personas no se enamoran a la vez y no se cuentan a la vez los propios amores diciendo, al mismo tiempo, que carecen de importancia. Y si el primero contó su vida amorosa poniendo en evidencia el placer que ha sentido, el otro será así que la recordará cuando se enamore, y no podrá borrarla de su mente.

En todos estos casos, ¿es posible hacer algo, es posible curar, si no anular, los celos del pasado? Yo estimo que es posible cuando la persona que ha puesto en movimiento los celos acepta sumergirse en el propio pasado junto a su amado y corregir el error cometido. Es decir, el gran amor total consigue, al menos en parte, "rehacer el pasado" como en el estado naciente del enamoramiento.

Para dar un ejemplo de este proceso utilizaré aún *Los diálogos de los amantes*. Saky ha contado de manera desprejuiciada a Rogan sus amores antes de que él estuviera enamorado, cuando él era indiferente o incluso le resultaba divertido. Luego Rogan se enamora y, pensando en el pasado de su mujer, recuerda aquello que ella le ha contado y, trastornado, le dice: «Estoy celoso de los hombres con los que has hecho el amor en el pasado. Amor mío, cuando hacía que me contaras tus historias por curiosidad, porque me excitaban, estaba loco. Entonces no te amaba y era como ver una película porno, como leer las aventuras de una muchacha disoluta. Pero luego, cuando me di cuenta de que te amaba, que te amaba con locura, todo lo que tú me habías dicho, que entonces sólo me había divertido, de golpe se ha transformado en una pesadilla. Y hoy que te amo tanto, no puedo ni siquiera pensar que tú hayas hecho el amor con alguien y soy presa de unos celos espantosos, un verdadero horror recordando cualquiera de los episodios que me has descrito. Ten en cuenta que son personas famosas, célebres, que he visto en las películas, en la televisión, o que he conocido personalmente».[3]

Pero su amor se salva lo mismo porque es un gran amor que dura y ambos tienen el hábito de decirse siempre la verdad. Saky le cuenta de nuevo su vida desde la nueva perspectiva y le explica que entonces le había relatado sus aventuras eróticas para provocarlo, para hacerle entender que estaba disponible, pero que aquellos hombres le resultaban indiferentes y que la única felicidad se la había dado él. Y añade: «Con las experiencias que he tenido ya no me fiaba de nadie. Ya no he podido amar, ya no me he soltado durante muchos años, hasta que no te he conocido a ti. Los hombres que me gustaban sólo tocaban la parte más superficial de mi alma y de mi cuerpo. No podía amarlos y no podía abandonarme a ellos ni siquiera sexualmente. Me sentía atraída, tenía fantasías y luego, de golpe, me percataba de que no me importaba nada y los rechazaba.

Parecía brillante, desprejuiciada, en realidad, era púdica, miedosa, encerrada en mí misma, no me abandonaba y así no sentía nada. Para alcanzar la plenitud del placer es preciso

---

3. Francesco Alberoni, *I dialoghi degli amanti*, cit., pág. 198.

paciencia, es preciso encontrar a tu hombre, es preciso aceptar
amarlo sin miedo, sin orgullo, sin recato, sin celos, sin rechazar
nada, gustándote todo de él, aceptando también el riesgo de
que se vaya con otra, que te deje. Debes amarlo sin hacérselo
pesar, sin oprimirlo, sin aplastarlo, dejándolo libre. Y buscar la
intimidad total, conceder la confianza total, el abandono total.
Sólo cuando llegué a realizar esto contigo, sólo entonces toda
la inmensa capacidad de amar, de gustar, de disfrutar
y de dar placer que tenía en mí ha emergido.

¡Yo nunca he tenido un orgasmo con un hombre, nunca! ¡Si tú supieras lo que siento ahora! ¡No puedes tener una idea de mi placer! De lo que quiere decir sentirlo que sube dentro de mí, se detiene, saborearlo mientras mi excitación crece, crece hasta el paroxismo de la felicidad. Y luego el huracán de placer cuando me lo besas, y la felicidad del "contacto" que tú llamas "de mo-nita". O el placer, el inmenso placer de tenerte sobre mi pecho. Yo no he tenido hijos, Rogan, pero en ciertos momentos, mientras te abrazo me parece que tú eres mi niño. Y cuando me besas los pezones siento el placer que debe de experimentar una madre cuando amamanta».[4]

En conclusión: los celos del pasado sólo se curan en el gran amor erótico en que los dos amantes se dicen siempre la verdad y quien ha contado sus amores al otro con ligereza disfruta ahora de una confianza tan grande que puede convencerlo también a continuación de que ellos no contaban verdaderamente nada respecto del amor y la felicidad que ahora siente con él.

---

4. *Ibidem*, pág. 224.

En su esencia los celos son rivalidad, y, por tanto, la persona deja de estar celosa de un rival del pasado cuando se da cuenta de que este nunca ha podido dar y nunca podrá dar a su amado cuanto le da a él. Más en general, los celos del pasado se desvanecen cuando ambos se dan cuenta de que el gran amor erótico que están viviendo desde hace años es inconmensurablemente superior a cualquier otra experiencia que ambos puedan haber tenido con otro.

23
La libertad

Muchos imaginan el amor como un estado, una continuidad ininterrumpida y, en efecto, a menudo se ha usado el término "fusión" o incluso "simbiosis" para indicar la indistinción y, por tanto, también la pérdida de identidad personal, de autonomía de los amantes enamorados. Pero no es así, el verdadero gran amor erótico, al contrario, está constituido por dos componentes: a los que llamaré *la voluntad esencial* y *la voluntad racional*.

Al fondo de la *voluntad esencial* está el lazo profundo del enamoramiento, que tiene algunas características del *imprinting*. El≈*imprinting* es un proceso de aprendizaje rapidísimo que fija el interés del animal sobre otro animal u otro objeto de manera indeleble. Los patitos, recién salidos del huevo, reconocen y siguen como su "mamá" al primer animal, persona o silueta que han visto después del nacimiento. En cambio, en la especie humana, no existe ningún *imprinting* neonatal. El lazo con la madre se instaura lentamente a través del principio del placer. Por el contrario, es muy similar al *imprinting* el lazo que se establece en el enamoramiento. En esto el cerebro humano se condiciona y descondiciona también en sus partes más profundas creando un deseo, que llamaré *voluntad esencial*. Junto a este deseo o voluntad esencial tenemos luego la *voluntad racional*, que llamamos habitualmente libertad o libre albedrío. Cuando estamos enamorados el amor se arraiga en esta: queremos libremente a nuestro amado, queremos libremente a nuestro amor.

El enamoramiento provoca una reestructuración del funcionamiento de los circuitos cerebrales, de los neurotransmisores, del sistema hormonal y neurovegetativo que se refleja en cada experiencia sexual sensorial o cenestésica. A veces imagino el estado de enamoramiento profundo como la creación y recreación de una parte del sistema nervioso que los dos amantes tienen en común, aun siendo personalidades totalmente distintas. Es precisamente esta intensa comunidad, unida a la permanencia de la diferencia, la que caracteriza al gran amor que dura. Pero esta reestructuración está en continua evolución tanto a nivel de la *voluntad esencial* como a nivel de la *voluntad racional*.

Ambas voluntades deben ser libres. Nosotros podemos dejar de amor por una mutación profunda y podemos oponernos a nuestro amor de modo consciente. Pero no podemos enamorarnos sólo con la voluntad racional y no nos basta con ser amados de este modo. No nos basta con que el otro nos ame porque lo prescribe la ley, para cumplir un pacto, por deber. Queremos que lo haga por elección espontánea y total, por la que hemos llamado la *voluntad esencial*. Pero también este lazo, recordémoslo, debe ser libre, es decir, debe ser una elección que se renueva continuamente y que no puede ser dada por descontada. Puede desvanecerse, puede terminar, por último, puede ser obstaculizada, traicionada por la *voluntad racional*.

Por eso los dos amantes, aunque se amen profundamente, sienten continuamente la necesidad de preguntarse: «¿Me amas?» y de decirse el uno al otro: «Te amo». El amor está precisamente en este estar suspendido entre la necesidad de ser amado y la exigencia de que el otro sea completamente libre. En *El banquete*, Platón hace decir a Diotima que Eros es un semidiós, que está suspendido a medio camino entre el cielo y la tierra. Y que es hijo de Poros, la búsqueda, y de Penia, la escasez, la inseguridad. Por eso él es una sucesión de duda y certeza, de espera y exaltación, de palpitaciones y éxtasis. En el gran amor que dura, nosotros, aun sabiendo que somos amados, continuaremos siempre escrutando el rostro de nuestro amado para ver si está contento o no está contento con nosotros, si nos ama o nos ignora. Roland Barthes, en los *Fragmentos de un discurso amoroso*, ha dado una estupenda descripción de este estado de certidumbre inquieta y de incertidumbre feliz en que nos sentimos a merced del amado, pero no queremos perderlo porque sabemos que precisamente este estado es el amor.

Cuando estamos enamorados somos dos personas distintas, somos diferentes y libres, continuamos teniendo nuestras convicciones políticas y religiosas, prefiriendo ciertas películas, ciertos libros, ciertas personas y no otras. Y afirmamos nuestra libertad con tanta mayor intensidad cuanto más el amor nos permite ser plenamente nosotros mismos y realizar nuestra esencia, nuestra vocación.

Que quede claro, nosotros no pensamos desenamorarnos. La voluntad consciente no puede nada sobre las estructuras profundas, ya arraigadas en los meandros del cerebro, en la historia entrelazada de nuestras vidas, en el hábito de pensar juntos, de sentir juntos, de decírnoslo todo. La "curación" de un amor decepcionado exige muchos años y a menudo sólo se produce cuando otro enamoramiento permite, a través de la *fusión del estado naciente* y el proceso de *historización*, disolver los viejos lazos.

El hecho de que el amor esté constituido por dos componentes, uno más fijo, duradero, la *voluntad esencial*, y uno más móvil, libre, la *voluntad racional* con que nosotros somos libres de aceptar o no aceptar nuestro amor, a veces produce un choque violentísimo. El psiquiatra Caruso en su libro *La separación de los amantes*[1] examina numerosos casos de parejas enamoradas en que uno de los dos decide voluntariamente dejar a la persona amada. Yo he distinguido el caso de la renuncia *egoísta* y el de la renuncia *altruista*.[2] La primera se produce porque el sujeto ya no puede continuar la relación que lo hace sufrir demasiado o porque está desgarrado por los celos. La segunda se hace, en cambio, para no hacer sufrir a otros. A menudo se trata de un hombre casado que deja a una joven mujer de la que se ha enamorado para no hacer sufrir a su esposa e hijos. Si el lazo era profundo, el efecto de esta renuncia, ejecutada quizá con un acto repentino, es devastador porque el sujeto pierde toda capacidad de amar, de sentir. Yo he llamado a esta experiencia *petrificación*.

Pero un conflicto entre el lazo profundo y la voluntad se produce en todas las parejas y está a menudo en la base de disputas, separaciones y divorcios. Porque, cuando surgen incomprensiones y celos, si el lazo profundo no es solidísimo y no se ha convertido en una verdadera *afinidad electiva*, la pareja se puede romper. Basta que uno de los dos en ese momento esté irritable, impaciente y reaccione mal a las críticas o a las demandas del otro, y si también éste atraviesa una fase de descontento, de malestar o de impaciencia, los conflictos se vuelven crónicos, las palabras desagradables y entre los dos surge poco a poco un muro de incomprensión.

También la pareja unida por un gran amor que dura atraviesa estas crisis. Al respecto quiero recordar un caso extremadamente significativo. Ella siempre había vivido sola, había sido actriz, había viajado, había llevado una vida aventurera. Se había enamorado de un hombre pasando a través de la simpatía, la amistad y la admiración hasta que su amor se había convertido en una pasión total. Y el hombre había realizado un recorrido análogo

---

1. Igor A. Caruso, *La separazione degli amanti*, Einaudi, Turín, 1988.
2. Francesco Alberoni, *Ti amo*, cit., pág. 164.

que desde la simpatía y la amistad había desembocado en un amor erótico y apasionado. Cada uno de ellos tenía su casa, pero estaban juntos, trabajaban juntos, dormían juntos, tenían un diálogo continuo y un erotismo extremadamente intenso. Pero, habituada a su libertad, la mujer había comenzado a sufrir esta continua intimidad y una vez su tensión creció hasta un punto de ruptura. Entonces le dijo que, precisamente porque lo amaba tanto, ya no soportaba vivir así, que su relación debía terminar y que lo dejaba. Y puesto que en su vida había roto bruscamente otras veces, él se había quedado profundamente turbado. Pero no recogió la provocación. Le respondió que ella era el último y definitivo amor de su vida y que siempre la habría amado, la habría esperado cualquier cosa que hiciera. La mujer, sola, se encerró en casa, telefoneó a algunas amigas y amigos y, poco a poco, se dio cuenta de que era sólo su gran amor lo que daba sentido a su vida. Después de algunos días lo llamó y se echaron apasionadamente el uno en brazos del otro como si se hubieran enamorado de nuevo. He contado esta historia porque es típica de un gran amor erótico que dura, que en cada crisis se renueva y se profundiza. En una pareja más frágil (o menos consciente de los procesos amorosos) estos traumas a menudo llevan a la ruptura o a la traición. La dialéctica condicionamiento-libertad está en la base de muchísimas crisis de las parejas modernas y de la imposibilidad de desarrollar un gran amor que dura.

En conclusión: la persona enamorada, precisamente porque es libre, debería ser siempre consciente de que tanto ella como su amado pueden comprometerlo todo incluso con un solo gesto equivocado, cediendo a una tentación repentina o simplemente abandonándose al propio egoísmo y a la propia pereza. Un amor continúa en el curso del tiempo no sólo porque estamos "ligados"

*por el amor, sino también porque cada vez lo queremos y tomamos
todas las decisiones correctas para realizarlo y hacerlo proseguir.*

En *Los diálogos de los amantes* Rogan sabe que Saky siempre ha sido libre y orgullosa, capaz de decisiones repentinas, de elecciones radicales. No duda de su amor, sabe que ella lo ama y también sabe que no lo traicionaría nunca. Le ha sido fiel durante diez años cuando él aún no le correspondía y, por tanto, no tiene dudas sobre este punto. Pero también sabe que, a pesar de este gran amor, ella es muy altiva y se considera una mujer libre que puede rechazarlo. Y esto se la hace estimar y desear más. *La presencia de la libertad alimenta el deseo.* Nosotros deseamos sólo lo que no tenemos. La libertad crea una incertidumbre, una distancia, un deseo que puede ser satisfecho sólo si el otro te dice que sí. Por esto el amor, incluso el gran amor que dura años, se *realiza en el encuentro* en que los dos deciden libremente verse. Entonces, cada vez ellos descubren que se gustan y se desean como si no estuvieran dogmáticamente seguros de ser correspondidos, como si debieron descubrirlo en cada uno de sus encuentros y se asombraran de ello. En *Los diálogos de los amantes* Saky cada vez está asombrada de gustarle a Rogan, que está profundamente enamorado de ella. Teme siempre que el hechizo que lo ha hecho enamorarse —aquélla que llama la *macumba*— pueda desvanecerse. Para ella cada encuentro es un nuevo inicio, un don maravilloso.

Reproduzco aquí como ejemplo una intervención en el blog en que Marco describe el placer, el gusto y la necesidad de una relación amorosa libre y fresca, que dura renovándose, redescubriéndose continuamente. Marco responde a una persona que busca el sexo separado del amor y le contrapone el amor erótico con la misma persona, pero hecho sin compromisos vinculantes, sin coerción, con el gusto de lo nuevo, con el estremecimiento de la libertad: «Dígame por qué no es hermoso estar con una mujer que sabe excitarme, moviéndose desde los hombros hasta las caderas, también con los pechos, ¿por qué no?, encerrados en lencería *sexy* y con encajes. Abrazarla y perseguirla, sentir sobre la piel el cosquilleo de los encajes, luchar contra la complicación de las aperturas de los *bustiers* es una de las alegrías de la vida. Si no dejara cada vez a esta mujer, que vuelve tranquilamente a su vida, a veces incluso con prisa, segura de que quiere marcharse, entonces nunca tendría el placer de reencontrarla. De descubrir que también hoy vuelve y, si quieres, se queda, tiene ganas de correrse conmigo. Es más, me desafía, se mueve hacia mí, tiene unas caderas que ondulan como un camino enloquecido de campiña. Yo encuentro que no hay nada más feliz que esto. Quien vive, duerme, come y se aburre cada día con una persona, pierde esta magia de descubrirla tan guapa, tan deseada y tan maravillosa para todos, pero luego tan única sólo conmigo. Yo creo que ésta es la felicidad. Es una lucha por mi anhelo de felicidad y placer duradero. Yo sé que sólo así es felicidad y lucho porque esta maravilla continúe».

Marco, de hecho, tiene una relación continuada con su mujer, pero se están siempre buscando, deciden verse de nuevo cada vez. Es lo mismo que el gran amor erótico, y es lo mismo incluso entre dos personas que viven juntas cuando cada una tiene su actividad y su libertad. También estos amantes se buscan y se disponen para el encuentro erótico, la mujer poniéndose siempre atractiva y ambos dejando libre su fantasía en modo de dar al otro siempre algo divertido y nuevo.

❧

El amor no debe nunca, absolutamente nunca, convertirse en obligación, no debe nunca constreñir, negar la libertad del otro. El amor es darse al otro en la esperanza de que su libertad te elija. Sólo así dura incluso durante años o décadas. Por el contrario, quien usa la coerción, el chantaje o la ley para hacerse amar introduce el virus que lo destruye.

Ahora debemos decir que también en Occidente son numerosas las personas que aún no han entendido que el amor es libertad. En efecto, muchos hombres, para hacerse amar, aún ejercen una presión sobre las mujeres, las obsesionan. Algunos, después de un período de noviazgo, si son dejados, llegan a matar. Los hombres que se comportan de este modo tienen una concepción primitiva, patológica del amor. Lo conciben como una posesión, algo que puede ser impuesto a la mujer con amenazas. No quieren una enamorada libre, quieren una esclava. Algunos son obsesivamente celosos, no quieren que nadie mire o toque a su mujer, pero no hacen nada para hacerse amar por ella. Además, admiten poder enamorarse de otra, pero no le conceden el mismo derecho a ella. La mujer no se comporta de manera tan violenta. Cuando está enamorada procura ver al hombre que ama, se embellece para él, lo acompaña, gentil, pero no lo obsesiona ni lo amenaza. Pero hay mujeres que, dejadas, se vengan, que la toman con la rival y reivindican el derecho a ser amadas porque hay una institución que lo sanciona. Obviamente con personas que actúan de este modo es imposible realizar un gran amor que dura. Espero que este libro pueda enseñarles también a ellas cuanto ha escrito Vézina:

«La pasión es posible a condición de saber tolerar la tensión de la incerteza. Por eso, en el amor duradero las parejas son conscientes de su posible fin y se recuerdan constantemente que su relación nunca debe ser dada por supuesta».[7]

---

7. Jean-François Vézina, *L'avventura dell'amore*, cit., pág. 112.

24
La palabra

Muchas personas están convencidas de que basta el amor para comprender qué desea su amado, sin necesidad de palabras. Que entre quienes se aman hay una comunicación inmediata, que el instinto y el corazón hablan por sí solos. Todos habréis oído frases del tipo de: «Yo sé siempre qué es lo que necesita», «Me lo ha dicho el corazón», «Una mujer entiende su corazón mejor que él». Pero no es verdad o solamente lo es en una mínima parte. Cuando amamos queremos saberlo todo del otro, vivir su vida, fundirnos con él, participar de sus pensamientos, sus sensaciones y sus sueños. Pero todo esto requiere hablar, contar y, cuando se cuenta, ser sinceros. Porque incluso cuando el enamorado dice: «Tú estás siempre en mi corazón, durante el día cualquier cosa que haga pienso en ti», esto no impide que él y su amada continúen siendo dos personas distintas con pensamientos, gustos y deseos propios, y cada uno debe saber distinguir el propio deseo, los propios sentimientos y las propias sensaciones de aquéllas del amado.

Cada tanto, incluso en el amor más profundo, es más, quizá precisamente en el amor más profundo, sentimos que la persona que no es más cercana, más querida, ha tenido una vida distinta de la nuestra, ha tenido experiencias, alegrías, dolores, esperanzas, sueños, amores, placeres, tormentos, miedos, obsesiones, éxtasis y decepciones en los que nunca

podremos participar, por lo que persiste un misterio.
¿Qué ha experimentado verdaderamente en el curso de
su vida? ¿Cómo ha llegado hasta hoy, quién lo ha
acompañado a lo largo de su camino?

¿Cómo ha hecho sus elecciones, y por qué? ¿Con qué criterios? ¿A quién ha amado, por quién ha sido amada? ¿Y cómo es su amor por mí? Me percato de que dentro de ella hay una multitud de personajes que sólo ella ha conocido, con los que ha tenido relaciones, y todo esto en un torbellino de deseos, de pasiones en los que yo, en el fondo, he llegado en el último momento.

La persona a la que amamos nos fascina, y la fascinación es siempre el traslucimiento en el presente del pasado, de una vida desconocida, a veces inquietante. Desdémona se enamora de Otelo cuando ella le cuenta su vida de guerrero, la transporta a un mundo de heroísmo, de fuerza y de violencia que la espanta y la atrae. Las mujeres son deslumbradas por los hombres con un pasado aventurero, o violento, por los hombres que han tenido muchas mujeres, a veces incluso por los grandes criminales. Las hechiza no sólo el bien, lo positivo y la luz, sino también el mal, el peligro y la sombra. Lo mismo ocurre a los hombres que son atraídos por una mujer que ha tenido una vida aventurera, amantes, misterio. En *La edad de la inocencia*[1] la condesa Olenska no sólo es bellísima, sino que también tiene un pasado misterioso, en que se entrevén sus amores aristocráticos europeos, un pasado oscuro, justamente la *sombra*, que, junto con la luz de su gracia, de su belleza y de su dulzura, la llena de fascinación. También en el amor más luminoso, oculta en la diferencia, siempre está la sombra, que es siempre ahuyentada y siempre reaparece. Así, en el gran amor

---

1. Edith Warton, *L'età dell'innocenza*, Longanesi, Milán, 1979.

total, ambos viven casi fascinados y hasta espantados por el misterio de su diversidad.

Por este motivo los dos amantes, cuando experimentan el máximo de la intimidad y de la fusión física haciendo el amor, se quedan asombrados de su diferencia.[2] En *Los diálogos de los amantes* está este breve diálogo:

Rogan: «Nunca nos hemos obligado a querer las mismas cosas, ni siquiera aquéllas del amor porque sabemos que tenemos experiencias diversas. Es una distancia que nos recuerda que seguiremos siendo distintos, que siempre debemos buscarnos. Piensa, además, en nuestra vida pasada, en nuestras experiencias, en las emociones que hemos tenido. Por más que nos las contemos, continúan siendo nuestras e inaccesibles al otro».

Saky: «Es verdad. Incluso haciendo el amor cuántas veces te lo he dicho: "Cuando me corro yo siento algo maravilloso que tú no puedes experimentar, y yo quisiera que tú pudieras ser yo por un momento para sentirlo"».

Rogan: «Estamos tan cerca, tan fundidos y, sin embargo, somos tan distintos, tan misteriosos el uno para el otro, amor mío».

Y a veces, precisamente después de haber vivido la fusión total y el éxtasis erótico, los amantes hablan de su muerte. Porque la muerte les recuerda que son dos individuos separados. Pero, mientras hablan de ello, ninguno consigue imaginar la muerte del otro, no sabe imaginarse a sí mismo sin el amado. Por tanto, hablar de la propia muerte los une, la muerte anula su separación.

---

2. Escribe Simone de Beauvoir en *El segundo sexo*, cit., pág. 460: «La dimensión de la alteridad permanece, pero ésta ya no tiene un carácter hostil; y es esta conciencia de la unión de los cuerpos en su separación la que da al acto sexual su carácter conmovedor en cuanto los dos seres que juntos niegan y afirman apasionadamente sus límites son similares y, no obstante, diversos. Esta diferencia, que demasiado a menudo los aísla, se convierte para ellos, cuando verdaderamente se unen, en fuente de maravilla».

Y cada vez, en el curso de nuestra vida, *estas diferencias* se hacen vivas como gustos, preferencias en la comida, en las vacaciones, en los programas de televisión, en los libros que leemos, en los juicios que damos sobre las personas y en nuestros sueños. Y algunas veces, cuando nos percatamos de que queremos cosas opuestas, nos enfrentamos, uno de los dos se queda mal y el otro es tentado de darle la razón, de aceptar su deseo como propio, aunque no lo es. Pero sabe que se equivoca, porque en amor es preciso ser siempre sinceros y entonces es mejor decir la propia opinión, explicar las propias razones y escuchar las del otro. Luego, cada uno mantiene su parecer, pero no ha sido un desperdicio porque hemos entendido mejor su punto de vista, hemos aprendido a hablarnos, a encontrar el lenguaje de nuestra comunicación.

Una de las características fundamentales del gran amor que dura es precisamente la creación de un lenguaje que permite explicarse y entenderse sin mentiras ni agresividad. Lo llamaré lenguaje auténtico *porque permite que ambos expresen auténticamente las propias emociones y los propios deseos.*[3] *Y, por tanto, también componer las diferencias, los conflictos, las incomprensiones.*

Conflictos e incomprensiones que aparecen siempre cuando el amor dura muchos años y cada uno de nosotros cambia, porque el mundo cambia y porque somos individuos libres.

Muy a menudo, entre personas que conviven o que están casadas, siempre hay uno que intenta imponer el propio punto de vista, mientras el otro cede para "vivir tranquilo". Se representa

---

3. Jean-François Vézina, *Le avventure dell'amore*, cit., usa al respecto la metáfora de los puentes, págs. 93-94.

así el mecanismo hegeliano del *amo-esclavo*. La figura dominante, el amo, considera su derecho tomar la decisión y el otro, aunque en su corazón se rebela, lo acepta, inclina la cabeza y obedece. En estos casos en que reaparece el poder, la pureza del sentimiento amoroso se corrompe siempre. En la superficie todo es armónico como antes, el marido acepta los caprichos domésticos, gastronómicos, arquitectónicos y sociales de su mujer. Se queda callado, sigue pasivamente. Pero en el fondo le queda un malestar, la sensación de no conseguir realizar lo que quiere, a veces un oscuro resentimiento. Y lo mismo hace la mujer que ha renunciado a sus deseos, a su libertad y a su ambición.

El desacuerdo, el conflicto es siempre temido por quien ama porque hace emerger la posibilidad de que el amor termine. Y lo teme sobre todo el que prefiere ceder. Pero se equivoca al creer que si amamos siempre debemos tratar de hacer lo que desea nuestro amado renunciando a nuestros deseos. En efecto, nos hemos enamorado precisamente para realizar nuestros deseos más profundos, para aprovechar nuestras potencialidades inutilizadas, para vivir vidas que hemos soñado pero nunca hemos vivido, para ser más profundamente nosotros mismos.

Pero, para evitar que se instaure la *dicotomía amo-esclavo*, no basta con tener el valor de decir lo que se piensa, y tampoco afirmar el propio deseo, el propio derecho. Depende también del ánimo con que se dice y de cómo se dice.

En enfrentamiento puede convertirse en un conflicto de voluntades en que cada uno trata de avasallar al otro creando la pareja litigiosa *con presiones, chantajes y reproches. En el litigio siempre se deforma y distorsiona la realidad, tanto la presente como la pasada porque, bajo el impulso de la agresividad, la gente no busca la verdad, sino que sólo quiere prevalecer sobre el otro. Lo vemos con gran claridad en el* lenguaje polémico *que*

caracteriza el debate político o de la acusación-defensa en un tribunal y también en la disputa entre dos amantes en que cada uno dice sólo aquello que hace prevalecer su tesis.

Por otra parte, es igualmente equivocado evitar la confrontación, no decir esta boca es mía, estar callados fingiendo que no pasa nada porque de este modo crece el resentimiento silencioso que luego se revela con maldad.

No, el camino para afrontar las diferencias y las elecciones en el gran amor es aquélla indicada por la palabra, la creación de un *lenguaje auténtico*, capaz de expresar necesidades, pensamientos, acuerdos y desacuerdos sin agresividad, por tanto, sin deformaciones ni exageraciones, es decir, comprensibles al otro. En una pareja que está habituada a decirse siempre la verdad, ambos hablan, ambos dicen qué sienten, ambos dicen qué les hace sufrir, qué quisieran, en modo de hacerse conocer por el amado, en modo de hacerse entender. Ellos construyen así el *lenguaje auténtico* gracias al cual sabrán exponer el problema de manera que sea compartible y, por tanto, resoluble. Para conseguirlo deben haber afrontado y superado el peligro de que la verdad pueda herir, que los pueda separar, que pueda incluso destruir su amor.

Por eso los dos amantes deben aprender de decirse todo y sinceramente y de la manera correcta desde el principio, desde los primeros momentos que se conocen, y luego seguir haciéndolo también para las cosas mínimas. El gran amor total es posible sólo si cada uno, desde los orígenes, se ha propuesto hablar para ser entendido, y de escuchar para entender. Y luego ha continuamente perfeccionado su escucha y su lenguaje en el curso de la vida amorosa.

25
Intimidad

Ya hemos hablado de la riqueza de la experiencia erótica y de la extraordinaria belleza que cada uno ve en su amado. Debemos añadir que, en el gran amor erótico, la vida de los dos amantes está impregnada del deseo de hacer algo por el otro, de hacerlo feliz. *Querer, querer su bien* es, si queréis, la forma más sencilla de amor, su versión más elemental. Caracteriza cualquier amor, el de la madre por el hijo, del hijo por los padres, de los hermanos, el amor de la verdadera amistad. Pero a veces puede faltar en ciertos momentos de la pasión del enamoramiento que nos hace codiciosos, egoístas, celosos y anhelosos del otro, como si fuera un objeto que devorar. En el gran amor erótico que dura, en la gran pasión de que estamos hablando, en el amor total, cada uno quiere, en cambio, siempre al otro y está dispuesto a hacer lo que sea por él.

Y, junto al querer, está el *querer gustar al otro*. Alguien considera el querer un acto altruista y el querer gustar un acto egoísta. Esto puede ser cierto en el encuentro ocasional, al principio del amor, cuando la mujer se viste de manera elegante para atraer la atención del hombre, para hacerse mirar, para agradarle. Y en muchísimos matrimonios la mujer quiere ser siempre elegante incluso cuando está en casa para gustar a su marido y porque quiere gustarse a sí misma, sentirse guapa, deseable a cada instante. Con el mismo criterio elegirá la *lingerie* de día y de noche, para que combine, para que valorice su cuerpo y, si está enamorada, para que guste al marido o al amante. Un resultado que obtiene escogiendo prendas de firma, lencería de marca, es decir, aquello que es considerado unánimemente bello y elegante. Luego también hay casos en que la mujer, después del matrimonio, ya no se preocupa por gustar, por ser deseable y se viste de manera deportiva, a veces dejada. Pero en el gran amor erótico no ocurre nunca.

En el gran amor erótico cada uno de los dos amantes desea gustar siempre a su amado y sobre todo la mujer estudia lo que agrada a su hombre, se viste para gustarle expresamente a él.

En la pareja que me ha inspirado *Los diálogos de los amantes* la mujer diseñaba ella misma los modelos de sus vestidos, elegía con extremo esmero las prendas íntimas cuidando todas las combinaciones de color de los zapatos, las calzas, el *body*, el sujetador, el collar y hasta los pendientes. Puesto que ella y Rogan no siempre vivían juntos, cuando se disponía al encuentro hacía de sí misma una verdadera obra de arte, destinada exclusivamente a su amado. Y cada vez él se quedaba encantado ya de sólo verla delante de él, un encanto que se renovaba instante tras instante desvistiéndola hasta tener su cuerpo desnudo entre los brazos. Era como si ella, con la indumentaria, hubiera inventado un lenguaje amoroso especial para él, capaz de provocarle cada vez una profunda emoción. Es evidente que en este caso querer gustar coincide totalmente con querer, con querer dar placer, con hacer feliz.

La tercera característica del amor total es que los dos amantes sienten una extraordinaria felicidad incluso sólo *estando cerca, estando juntos,* caminando de la mano, comiendo uno frente a otro en un restaurante, mirando fuera por la ventanilla del tren, o incluso simplemente observándose mientras dicen algo.

Y en el caso del amor total esta experiencia continúa incluso después de años; por eso los dos amantes pueden sentirse felices en

el habitáculo del coche mientras viajan, cuando están sentados en
un pequeño bar de las afueras donde acaso han llegado cansados
y enfadados porque deben esperar a que comience una reunión y
luego, sentados a una mesa, uno con una hogaza de pan ázimo y el
otro con una tostada en la mano, estallan a reír y cada uno hace
probar su comida al otro y se sienten felices en el mundo, felices de
estar en aquel lugar, felices de estar juntos. Hablo de felicidad, no
de alegría, porque ellos, en esta aparente banalidad y normalidad,
experimentan la exaltación de tener lo que más cuenta
en el mundo, vivir la perfección del ser.

Porque, incluso realizando el acto más corriente, más banal, se percatan de que experimentan algo único, extraordinario y sublime. En *El difunto Matías Pascal*[1] de Pirandello, el protagonista se enamora tímidamente de Adriana y, en la providencial oscuridad de una sesión de espiritismo, finalmente puede estrecharle la mano sin ser visto y luego, volviéndose más osado, le roza los dedos, se los coge y, durante todo el tiempo, ellos juegan apretándoselos, entrelazándoselos. Pero también hoy dos personas que se aman desde hace años, que han tenido todo tipo de relación sexual, en la oscuridad de un cine se estrechan y se acarician las manos durante horas, y encuentran en ello un extraordinario placer, una extraordinaria felicidad porque es otra manera de decirse «te amo». Gracias al placer de estar cerca, de estar al lado, a la alegría que brota de la proximidad física, del contacto, quien ama no se cansa nunca de estar con su amado, aunque esté enfermo, y es incluso feliz de atenderlo sentado junto a su cama o en el hospital. No siente el sueño, no advierte la fatiga o la acepta con dulzura. Exactamente como la madre con su niño, no hay diferencia.

---

1. *Il fu Mattia Pascal* de Luigi Pirandello apareció por primera vez en entregas en la revista «Nuova Antologia», en 1904, y fue publicado en volumen ese mismo año.

En quien vive un amor total, estar juntos produce una extraordinaria felicidad también porque permite *tener la experiencia dual, es decir, compartir las mismas experiencias.* Y este fenómeno no vale sólo para las experiencias extraordinarias, como ver juntos la erupción de un volcán, bañarse juntos en un mar maravilloso, visitar una nueva ciudad o asomarse a un estupendo paisaje, sino también para experiencias cotidianas y repetidas como mirar la televisión, ir al cine, comer juntos en la mesa el uno frente al otro, ir al restaurante, mirar los escaparates de una tienda, hacer una compra, observar un ocaso, sentir la lluvia golpeando sobre el techo o escuchar el chapoteo de las olas. Cuando uno de los dos está solo tiene la impresión de estar incompleto, de estar sólo a medias. El mito contado por Aristófanes, según el cual los seres humanos han sido divididos en dos por Zeus y cada uno busca su otra mitad, no puede ser usado para explicar el enamoramiento, pero es una descripción eficaz de la *experiencia dual*, es decir, de la necesidad de compartir que puede continuar toda la vida.

Una cuarta característica de este amor es el *continuo deseo de decirse que uno se ama.* Porque nuestro amor, el placer de ver a nuestro amado, de abrazarlo, de hacer el amor con él son tan intensos que queremos darle testimonio de él sin fin.

Es como si nosotros nunca pudiéramos comunicar a nuestro amado la extraordinaria experiencia que nos da. Es como si cada vez quisiéramos agradecerle que exista, que nos ame. En realidad, si observamos atentamente a dos personas profundamente enamoradas y que continúan estándolo después de muchos años, veremos que ellas no dejan de hablar de sí mismas, de cómo son, de qué han hecho, de cómo se han conocido, de cómo se han amado, de qué hermoso habría sido si se hubieran conocido y amado antes.

Y, aunque recuerden el mismo acontecimiento por décima vez, tienen la impresión de decirse siempre cosas nuevas porque cada vez descubren una experiencia distinta, una emoción distinta, un matiz distinto, y lo reviven. Por eso no se aburren nunca. Una característica inconfundible del gran amor que dura, del amor total, es precisamente esta. Los dos amantes, cuando están juntos, *no se aburren nunca*. Pero, precisamente porque están tan bien juntos, *sufren cuando están lejos* y sufren sobre todo cuando no pueden comunicarse. Algunos necesitan hablarse, oír la voz de la persona amada. Antaño los amantes se escribían cartas: sigue siendo famosa la correspondencia de Eloísa y Abelardo. En época moderna se hacen centenares de llamadas y se envían centenares de SMS. Cuando no pueden hacerlo, los dos amantes sufren muchísimo: Pero la carta, el mensaje o la llamada tranquilizan y dan una sensación de paz, durante algún tiempo. Lo único que les da la verdadera paz, la verdadera serenidad es la *cercanía física*. Necesitan una continuidad física de los cuerpos incluso sólo rozándose la mano, tocándose el hombro, incluso solo viéndose, acariciándose con la voz, reconociéndose por el modo de caminar, la gestualidad o el perfume. Bajo la acción del amor el sistema nervioso central elabora todos estos estímulos, los pone en relación y obtiene una sinfonía sensorial y emocional inconfundible, que nos falta cuando nuestro amado está lejos, lejanía que genera en nosotros una sensación de vacío y, a veces, de sufrimiento.

En el gran amor total el deseo de estar junto a nuestro amado es tan intenso que nos parece que lo hemos amado siempre, incluso cuando era niño, adolescente, hasta cuando amaba a otro.

Rogan en *Los diálogos de los amantes* dice: «Saky, mi amor por ti no concierne sólo a lo que tú eres en el presente, sino también a todo lo que has sido en el pasado. Recorriendo tu vida vuelvo a verte como has sido y te amo como eras. Es más, habría querido estar a tu lado para amarte entonces como hoy. Te amo por cuando eras una niña y sufrías porque no eras correspondida por tu amiga Lena. Habría querido estar allí, cogerte en brazos y consolarte. Luego haber estado junto a ti cuando te acusaban, estar a tu lado, vigilante, cuando te escapaste a Canadá, ¿sabes que te vuelvo a ver? ¡Cómo eras de pequeña, cómo eras cuando fuiste a la Iglesia! ¡Cómo habría querido acogerte yo, abrazarte, ayudarte! Luego te veo cuando a los dieciocho o diecinueve años llevabas a los clientes tus libros antiguos. ¡Qué delicia! Cómo estabas enfrascada en tu trabajo, orgullosa de tus éxitos».[5]

Por último, es como si el amor constituyera en torno a los amantes un aura *que puede ser percibida por quien a su vez ama o ha amado.*

Yo y mi amada, en el pasado, hemos tenido varias veces la impresión de que nuestro amor se transmitía al exterior y que los demás lo percibían incluso cuando no nos tocábamos. Recuerdo luego con gran claridad un episodio ocurrido años antes, cuando aún no éramos conscientes de que nos amábamos, sino que creíamos sentir sólo amistad, simpatía y afecto el uno por el otro. Un día caminábamos juntos por la orilla del mar, donde se extinguen las olas, y ni siquiera nos teníamos de la mano. Pasó una mujer de unos sesenta años, se detuvo y nos dijo: «Perdonad que os dirija la palabra, pero viéndoos he comprendido que os amáis mucho y me he acordado de la época en que vivía mi marido y también nosotros paseábamos por la playa codo con codo y éramos felices. Viéndoos he vuelto a sentir el amor y la alegría de entonces y os deseo que os améis siempre así, como antes nos amamos nosotros. Gracias».

---

5. Francesco Alberoni, *I dialoghi degli amanti*, cit., pág. 216.

26
La burbuja

En este tipo de amor los dos amantes son tan exclusivos, el uno para el otro, que constituyen, en ciertos períodos, un mundo propio y separado en el que nadie puede penetrar.

Un mundo en que ellos encuentran las raíces profundas de sí mismos, la seguridad frente a las amenazas del mundo exterior y la paz. Es la *burbuja*, la esfera encantada de su *intimidad*, de su *unicidad, el lugar de su verdad y de su purificación.*

La palabra *purificación* hoy ya no se usa. Hércules, de vuelta de las luchas, sucio de sangre, aún poseído por la furia homicida, no reconoce a sus hijos y los mata. La violencia había impregnado su ser y, para volver a la vida civil y pacífica, habría debido liberarse de ella cumpliendo un rito de purificación. Cada religión conoce estos ritos. En época cristiana la purificación se realizaba con la confesión y retirándose durante algún tiempo a un convento. El mundo moderno está convencido de que ya no necesita de la purificación. El ejecutivo, el profesional o el comerciante, después de una jornada de trabajo, vuelven a casa cargados de tensiones, problemas y disgustos, y sólo tienen tiempo para intercambiar pocas palabras con su mujer o con sus hijos. Luego se aturden delante del televisor. El político pasa ininterrumpidamente de una reunión, de una maniobra a otra e, incluso cuando cena o está de vacaciones, no deja nunca de pensar o de hablar de sus problemas. Y lo mismo el financiero, el periodista político o el académico metido en los tejemanejes de las oposiciones. Las intrigas, los miedos, las frustraciones, los rencores y el deseo de revancha o de venganza no desaparecen cuando entra en casa, cuando entra en la iglesia, cuando se tumba a la orilla del mar, cuando pasa por delante de un paisaje o un monumento maravilloso. No se desvanecen ni siquiera cuando hace el amor. A veces la mujer no consigue distenderse, abandonarse, permanece íntimamente rígida, ausente, da su cuerpo, pero no del todo a sí misma. Y a veces ni siquiera consigue darse, debería decir: «No tengo ganas, no estoy lista, no me siento en condiciones», pero, de costumbre, encuentra otra excusa: «Me duele la cabeza». El hombre se limita a ser apresurado y distraído. Esto porque su cuerpo, como su espíritu, está enrigidecido por las incrustaciones venenosas que le han quedado encima. Todas estas incrustaciones tóxicas deben ser quitadas para poder vivir en la *burbuja*, porque nadie puede permanecer en ella si está cargado de impurezas. El hombre puede intentar entrar en ella pero, si el proceso de purificación no es completo, se halla a disgusto y siente una gran necesidad de purificación, de liberación. De costumbre, la mujer es la que cumple el lavado *de purificación*.

Hay un pasaje en *Los diálogos de los amantes* que indica el momento de la purificación, cuando Rogan llega donde su amada, tenso y rígido, como si fuera de hielo o de madera, porque aún está "contaminado" por las tensiones del mundo exterior, y Saky le dice: «Amor mío, ¡cuántas veces te he visto en este estado! Como si tu mente estuviera herida, tu ánimo disecado, tu cuerpo casi carente de vida, frío. Y entonces no hablabas, me ponías la cabeza en el regazo y me abrazabas con fuerza por la cintura, las caderas, como si quisieras entrar dentro de mí. ¡Cuántas veces ha sucedido! Poco a poco recuperabas las fuerzas, lo suficiente para recostarte en el gran diván. Entonces me desnudaba, me extendía a tu lado, tú te me acercabas, me mirabas, me acariciabas y poco a poco te volvía la vida, la fuerza y el buen humor». «Sí», responde Rogan, «salía de ese mundo falso y envenenado. Y era tu cuerpo el que me liberaba».[1]

Una vez ocurrida la purificación, todas las potencialidades de nuestro ánimo, que estaban anquilosadas, enrigidecidas y congeladas, vuelven a ser fluidas, se liberan.

Nuestros sentidos, la vista, el oído, el tacto, las más increíbles
formas del placer cenestésico, nuestras percepciones de lo bello,
nuestras emociones amorosas se multiplican y recuperan
su vigor y vehemencia, la fuerza elemental que tenían
en la infancia y en la adolescencia, pero con
el conocimiento de la madurez.

Volvemos a ser capaces de asombrarnos, de reír, de gritar nuestra maravilla, nuestra admiración, nuestro amor y nuestra felicidad. Sin tener que protegernos o defendernos de peligros y totalmente abiertos al otro, totalmente confiados, nos abandonamos a cualquier desenfreno y a cualquier exceso porque para nosotros son sólo tiernos actos de amor.

La burbuja no es un sitio, no se la crea yendo a un lugar especial, aunque fuera la más estupenda habitación del más estupendo hotel sobre un mar incontaminado, como no es la habitación nupcial deseada y amada. Es el lugar en que los dos amantes se separan de todos los lazos, los rencores y las ansias del mundo, y sólo

---

1. Francesco Alberoni, *I dialoghi degli amanti*, cit., pág. 279.

quedan ellos dos, uno frente al otro, en un estado de pureza, de transparencia, de candor y de total abandono. Y esto puede ocurrir en el lugar donde los dos amantes se encuentran habitualmente o en una tarde cualquiera en un pequeño restaurante en el que nunca habían estado, e incluso en una fiesta en la que están con otros, pero en la que se aíslan y permanecen los dos solos encerrados en una cápsula transparente, inalcanzables, en intimidad total.

Los dos amantes en la burbuja continúan siendo naturalmente personalidades distintas, libres y autónomas, con sus propios gustos, sus propias experiencias vitales, en modo de poder poner en común con el amado toda su riqueza de pensamientos, de emociones y de reflexiones. A veces se encuentran en la burbuja como si fuera un hecho habitual, otras, en cambio, viven la nítida sensación de penetrar en ella, y se percatan de que han entrado por la intimidad total, la total confianza, el abandono y la felicidad que los envuelve, hasta el punto de que les parece que han vuelto a enamorarse y se miran asombrados y felices de amarse.

La burbuja es una experiencia posible exclusivamente en el gran amor erótico que se alcanza a menudo sólo después de años de confianza, de intimidad y de sabiduría amorosa. Sólo ella tiene el poder de hacer experimentar de nuevo, incluso después de años o décadas de vida en común, el estado paradisíaco que los enamorados sienten al inicio de su amor.

Cuando estalla el amor en todos sus aspectos. El del descubrimiento, la revelación, la conmoción y el encanto. Luego el de la confianza serena, la dulzura, el alivio, el reposo y la alegría, el amor pacificado y seguro. Y, por último, el amor sin fronteras, desencadenado, desenfrenado, el amor que es exceso, exageración y éxtasis.

Siempre he sostenido en todos mis libros, desde *Enamoramiento y amor*, que el amor dura sólo si renace, si los dos amantes se *re-ena-moran*. Y esto se realiza efectivamente en la burbuja. El amor no es un estado, como una lastra de mármol, sino un sistema rico de energía, por tanto, está hecho de olas como el mar, como la luz. Es un continuo distanciamiento y acercamiento, una continua entrada y salida, es un continuo buscarse y hallarse, pero un buscarse de verdad porque el otro te falta y un hallarse de verdad porque el encuentro es un verdadero descubrimiento. Y todo desemboca en la intimidad extraordinaria y purísima de la burbuja.

En el gran amor total, en cada encuentro, incluso después de veinte años, los dos amantes se miran asombrados y se dicen: «¿Por qué te he encontrado tan tarde? ¿Por qué no has venido antes, por qué no me has llamado antes? Yo te habría reconocido en seguida, te habría amado en seguida, amor mío. Aunque tú hubieras estado distraída por cien fiestas, cortejada por cien pretendientes, habría habido un momento en que nuestras miradas se habrían cruzado y tú habrías entendido que en esos ojos estaba indicado el lugar en que me habrías hallado, al fondo, casi a la orilla del mar, donde ya te estaba esperando».

Conclusiones
El arte de amar

Normalmente al final de un libro nunca doy indicaciones prácticas sobre cómo comportarse, porque pienso que el lector, leyéndolo, ha entendido los mecanismos y los procesos de la propia acción y, por tanto, puede modificar su propio comportamiento, si lo estima oportuno. Pero, en este caso, haré una excepción, porque tengo la impresión de que el público, en esta época histórica, tiene miedo de los lazos fuertes, de los compromisos. Busca lazos débiles, poco comprometidos, relaciones promiscuas, convencido de que el lazo fuerte destruye el erotismo y es, en cualquier caso, fuente de sufrimiento. A este fenómeno se le han dado muchos nombres. Lasch ha hablado de cultura del narcisismo, Maffesoli del regreso de Dioniso, Bauman de la sociedad líquida y Ghezzani de anorexia afectiva. En cualquier caso, todos han puesto en evidencia el debilitamiento de los lazos fuertes a favor de aquéllos débiles, lábiles. Es en este marco que debe ser vista la crisis del matrimonio en que la gente se compromete a amarse para toda la vida, pero luego cuando acaba o incluso sólo se atenúa el amor y nacen los conflictos, los dos se separan o divorcian. Además, como hemos visto, la sexualidad está cada vez más distanciada del amor y es considerada un placer por sí mismo que se puede obtener con cualquier pareja: cónyuges y convivientes a menudo tienen relaciones eróticas con otros, pero puesto que el amor por su naturaleza es exclusivo, esto lleva a la ruptura de la relación. Otros buscan remedios como el intercambio de parejas o el matrimonio abierto, pero de hecho estas soluciones sólo llevan a un aumento de la promiscuidad y debilitan la pareja.

Por eso aumentan continuamente los solteros, pero no está en absoluto claro que la libertad haga más fácil el amor. Algunos ya tienen miedo del amor en sí, de los lazos y los sufrimientos que puede crear, miedo de la traición, miedo de la incomprensión. En realidad, miedo de no conseguir realizar un verdadero gran amor. Y este miedo lo notáis cuando le preguntáis a la gente en qué le hace pensar "un gran amor que dura". Muchos os responderán que piensan en dos viejecitos llegados a las bodas de oro y que están juntos por hábito, por afecto, porque había hijos, porque se han adaptado pacientemente el uno al otro, porque ya era demasiado tarde para cambiar. Algo que los jóvenes no desean en absoluto realizar.

Por otra parte, en la experiencia concreta, casi todas las parejas siguen la que ahora es considerada la *trayectoria natural del amor*, un arco que nace con el enamoramiento, luego prosigue con el ajuste práctico, al que sigue el declive de la pasión, del erotismo, y queda como máximo una convivencia afectuosa. Y, no pocas veces, una convivencia conflictiva a la que sigue la separación, la vida de soltero con la que recomienza el ciclo.

Este libro sostiene que esta trayectoria no es natural ni inmutable, sino que es sólo el producto de las transformaciones socioeconómicas y de la cultura de nuestra época, de una concepción del amor y el erotismo que estaba bien hace cien años, pero que ahora está superada. Sostiene que en muchos casos es el producto de errores superficiales que realizamos en la fase de enamoramiento y en la siguiente fase de vida de pareja. Errores que son el resultado de reglas obsoletas de una sociedad en que la vida humana era breve, el matrimonio indisoluble por ley y, por tanto, también el amor en el momento del matrimonio era considerado base suficiente para crear una pareja duradera. En resumen, cuando el matrimonio podía prometer amar "hasta que la muerte nos separe". Pero hoy todos saben que el amor no se puede prometer y, así, se acaba creyendo que tampoco el amor puede durar.

Recordemos, además, que en Occidente nunca ha sido estudiada una fisiología del enamoramiento y aún menos una fisiología del amor erótico apasionado que dura y, en consecuencia, tampoco ha sido posible pensar en una patología y en una terapia. La llamada terapia de pareja, en realidad, siempre se ha propuesto hacer continuar la pareja de manera armónica, no desde luego generar una pasión amorosa y erótica total.

Este libro, en cambio, nace de la hipótesis de que muchas personas, incluso en nuestra época, continúan deseando un amor intenso y apasionado, un amor que conserva el estremecimiento del enamoramiento y no se extingue de inmediato en la monotonía de la costumbre o en el dolor del fracaso. Un gran amor total que te da una felicidad erótica indecible, que dura en el tiempo y que, en vez de debilitarse, se intensifica. Este libro está dirigido a aquéllos que aún quieren experimentar este tipo de amor total y no a aquéllos que, por el contrario, han decidido cambiar a menudo de pareja, que quieren sexo sin amor y no tienen intención de establecer lazos fuertes y comprometidos.

El mundo moderno no tiene un único modelo de relación sexo-amor. Que cada uno haga lo que quiera. Yo puedo aseguraros que aquéllos que desean experimentar un gran amor erótico, pueden encontrar en este libro una ayuda para realizarlo. Otros pueden hallar el modo de evitar el precoz naufragio de la pareja y otros más un modo de mantener viva una pasión que ya existe.

Llegados al fin, quiero recoger algunos principios, algunas normas prácticas para obtener este resultado. ¿Qué podemos hacer para que el gran amor erótico dure? ¿Cómo impedirle que se extinga en la banalidad, en la indiferencia y en la incomprensión?

He aquí algunos principios-guía.

1) El enamorado ve al objeto de su amor como algo extraordinario, estupendo, único en el mundo. No debe avergonzarse de verlo así.

No debe temer exagerar al decirle su admiración y su felicidad, porque no hay una regla objetiva más allá del amor, más allá de nuestra visión enamorada. El amor es un continuo descubrimiento de la riqueza de nuestro amado y por eso no te canses nunca de decirle cómo lo ves, cómo lo admiras, y agradecerle por todo lo que es, por todo lo que te da. El amor está siempre suspendido como Eros entre la tierra y el cielo, entre la certeza y la duda y, por eso, necesita una continua garantía.

2) Si quieres que el amor dure debes ante todo abandonarte al amor apasionado, aceptarlo, desearlo, quererlo, considerarlo un bien, un valor y una fuente de alegría, no tener miedo de exagerar ni mirar lo que hacen los demás.

El amor es por definición una exageración, un exceso. En todos los campos, en el deseo, en el placer, en la búsqueda, en el sufrimiento, en el goce y en la conversación. Los amantes hablan siempre apasionadamente de sí mismos. No te canses nunca de decir lo que sientes a tu amado y *escucha* lo que él te dice.

3) A nuestro amado debemos contarle toda nuestra vida
pasada y él la suya a nosotros, contarla de la manera
apropiada para no irritarlo, para no ofenderlo, para no
herirlo, pero no debemos esconder nada importante.

Y desde el principio debemos aplicar la regla fundamental del amor que dura: *decir siempre la verdad*. Pero para decir la verdad al otro debemos primero decírnosla a nosotros mismos, no construir nuestra hagiografía ideal en que acabaremos siempre escondiendo lo que somos realmente y, por tanto, estar obligados a fingir, a interpretar.

4) En amor ambos debemos decirnos la verdad, *incluso*
en la vida cotidiana, incluso en las pequeñas cosas,
para ser transparentes el uno al otro.

Y debemos hacerlo incluso cuando tengamos puntos de vista divergentes, incluso cuando desearíamos cosas distintas. Si estamos mal digámoselo, si estamos bien digámoselo, si estamos de acuerdo digámoselo. Ningún problema debe permanecer oculto, sino afrontado con la palabra y resuelto. Algunos instauran una convención hipócrita en la que parecen siempre de acuerdo mientras que, en realidad, cada uno sufre la imposición del otro.

5) Con nuestro amado no debemos tener secretos, no debemos
tener vergüenza *de mostrarnos como somos tanto desde*
el punto de vista moral como físico.

Por supuesto, para él debemos tratar de ser siempre abiertos, generosos, valientes y sabios, pero recordemos que en la vida podemos cometer errores y tener momentos de debilidad, de depresión y de miedo. No debemos esconderlos, sino mostrarlos con sinceridad y poder así ayudarnos mutuamente. Lo mismo vale para el aspecto físico: intentaremos mostrarnos guapos y elegantes, pero recordemos que nos veremos débiles, enfermos y seguiremos gustándonos. El amor lo hace todo bello, incluso la fragilidad, incluso la necesidad. Cada uno debe querer el bien del otro en todas sus posibles formas.

6) No debemos tener frenos, límites ni tabúes
en el campo del placer erótico.

El placer erótico es el arte más importante que deben cultivar los dos amantes. Ellos deben dar a su amado algo que nunca antes ha tenido. Para conseguirlo deben decirse mutuamente qué desean, qué les da placer, sin pudores ni vergüenza, con absoluta ingenuidad, sinceridad y candor. Cada uno debe buscar el placer para sí mismo, ser egoísta y, sabiendo qué desea el otro, dárselo, satisfacer su egoísmo. Pero nunca fingir, nunca mentir.

7) Al mismo tiempo, no debemos tener miedo de mirar
el mundo, juntos, en todos sus aspectos, y de analizar,
explicar y discutir *todo lo que nos ocurre y nos rodea.*

Nunca debemos dar la razón a nuestro amado para tenerlo contento, por complacencia, debemos siempre decir nuestro verdadero pensamiento tratando sólo de ser amables, claros, sin jamás insistir o querer imponer nada. Luego podremos estar de acuerdo o en desacuerdo, pero ambos habremos aprendido, ambos habremos crecido y nos habremos integrado intelectualmente. De este modo, realizaremos una verdadera *intimidad intelectual*.

8) El gran amor erótico es exclusivo y por eso
debemos ser fieles, absolutamente fieles.

El amor quiere la posesión absoluta del cuerpo del amado. Cualquier otra persona, cualquier otra relación lo contamina. Sólo si es totalmente nuestro y nosotros totalmente suyo, ese cuerpo puede darnos el éxtasis y la felicidad. Por tanto, no debemos ser fieles por obligación, sino sólo para conservar puro y perfecto ese amor y ese placer único, absoluto e insuperable que hemos realizado juntos y que sólo juntos podemos seguir experimentando.

9) El amor no debe nunca, absolutamente nunca, convertirse en
una obligación, nunca debe constreñir, negar la libertad del otro.

El amor es darse al otro en la espera de que su libertad te elija. Sólo así dura incluso durante años o décadas. Por el contrario, quien quiere hacerse amar usando la coerción, el chantaje o la ley introduce el virus que lo destruye.

10) Nosotros sólo podemos amar a una persona libre, que
nos quiere libremente, y por tanto también podría
no querernos, no amarnos, traicionarnos.

El amor nunca puede ser dado por supuesto, sino ininterrumpidamente conquistado y merecido. El amor que dura es un constante y mutuo don, un continuo milagro, una continua y sorprendente sorpresa. Por eso es siempre una continua pregunta: «¿Me amas?» que espera siempre la misma respuesta: «Sí, te amo».

11) Los dos amantes deben poder decirse cualquier cosa y para obtener este resultado deben aprender a hablarse con el único objetivo de explicarse a sí mismos y de comprender al otro, de ser recíprocamente transparentes y sinceros.

Es decir, deben construir el lenguaje en que todas las palabras, todas las frases han sido filtradas por la pureza de la intención de amor, el lenguaje de la autenticidad.

12) Cada uno debe acercarse al otro purificado. *No debe llevar consigo rencores, resentimientos, venganzas o deseos de castigar.*

Debe presentarse sólo con su inocencia, con su candor, con su sinceridad y con sus deseos, y crear con su amado una burbuja que pertenezca exclusivamente a ellos, en que nadie puede entrar y que nadie puede contaminar. El lugar de su intimidad y de su felicidad.

Éstos son los sentimientos, las reglas que cada enamorado debe recordar en la relación con su amado y amante. Y hacerlo desde el principio del enamoramiento, cuando uno se lo cuenta todo al otro. No importa cuál haya sido vuestra vida amorosa y erótica antes de encontraros. En el estado naciente del enamoramiento renacemos completamente nuevos.

Pero las reglas que acabamos de enumerar no sólo sirven para mantener vivo un amor naciente. Pueden ser adoptadas también por dos personas que se aman y quieren que su amor no decline, sino que continúe creciendo. Y pueden ser útiles también en algunas parejas enamoradas cuyo amor va extinguiéndose. En efecto, en todas las relaciones, incluso en las más agotadas, o en que ha habido muchos obstáculos que han impedido el pleno desarrollo de la relación amorosa, como hijos, enfermedades o problemas de trabajo, aparecen espontáneamente momentos de amor y de ternura, en que somos presa de un *ataque de amor*.[1] Estos momentos son, en realidad, *despertares* del encantamiento de los orígenes. Acaso lo siente sólo uno de los dos, pero el otro no debe cerrar su corazón, debe escuchar y responder, y entonces verá con estupor que también su ánimo se abre. Basta un gesto, un abrazo, una caricia o un recuerdo, y el fuego del amor se despierta. Porque el amor tiene el extraordinario poder de renacer, de revitalizarse. Pero, de costumbre, no hacemos nada para que se reavive, desaprovechamos la ocasión, olvidamos la invitación.

La enseñanza de este libro indica un camino con que se puede
encender de nuevo el fuego del inicio, renovar el ardor de la

---

1. En este libro no he querido someter a examen todos los factores prácticos y concretos que obstaculizan o impiden el pleno desarrollo de la pasión amorosa. Dificultades económicas, compromisos laborales, el nacimiento y el cuidado de los hijos, las enfermedades y los mil problemas que debemos enfrentar en la vida cotidiana. En efecto, quería dar una idea clara y sencilla de qué es un gran amor y mostrar el camino con que podemos alcanzarlo dejando que cada uno luego recorra el tramo que pueda y quiera. Consciente de que sin un objetivo, sin un ideal, nadie se pone en movimiento y nadie llega a la meta.

pasión. Esto nos dice que el amor que dura es la consecuencia de una relación ingenua y sincera, del candor, de la verdad, de la libertad, de la capacidad de hablar y del deseo de gustar. Y puede renacer continuamente si sabemos coger la ocasión.

Queriendo usar una imagen marinera, sabemos que, para partir con una vela, debemos esperar a que haya un poco de viento y, cuando estamos en bonanza, basta una ráfaga para podernos mover, pero en todos los casos debemos estar listos para aprovecharla y ser hábiles en las maniobras. Porque también el amor es una sucesión de olas y de ráfagas de viento que ora nos empujan, ora nos ralentizan, pero el buen navegante sabe utilizarlas como quiere. Éste es el arte de amar.